ÉTUDE SUR L'ASSISTANCE PUBLIQUE A LECTOURE

AUX XVe, XVIe ET XVIIe SIÈCLES,

PAR LE DOCTEUR DE SARDAC.

Les questions d'assistance, de mutualité, de solidarité sont à l'ordre du jour. Dans les siècles passés, les Lectourois n'ont pas été sans se préoccuper de ces mêmes problèmes. On est étonné de trouver, dès le XVe siècle, à Lectoure une organisation aussi complète de l'assistance publique : la protection des enfants du premier âge, l'assistance aux vieillards, la médecine gratuite y étaient connues et pratiquées.

En 1457 les consuls avaient la haute main sur l'assistance publique, rien ne se faisait sans leur autorisation, aucun secours n'était distribué sans leur consentement; ils vérifiaient les honoraires médicaux, contrôlaient la pauvreté des personnes inscrites sur les listes d'assistance, mandataient les ordonnances des gouverneurs des hôpitaux, revisaient leurs comptes : en un mot, l'assistance publique entrait dans leurs attributions comme l'administration de la ville et la police de la cité.

Les consuls jouirent de cette prérogative jusqu'à la moitié du XVIe siècle; à cette époque, la direction de l'assistance leur fut enlevée et passa entre les mains du *Bureau des Pauvres;* il est regrettable de ne pouvoir assigner la date exacte de cette transformation, mais déjà, en 1535, le Bureau des Pauvres organisait l'assistance et la réglementait.

A partir de ce jour les consuls ne seront plus que les délégués du Bureau des Pauvres, ils auront pour mission d'administrer et de surveiller leurs deniers. Ils ne pourront rien faire par eux-mêmes, leurs signatures, leurs ordonnances devront être contrôlées et homologuées par le Bureau, et il arrivera même parfois que si leur mandement n'est pas reconnu utile et nécessaire, ils devront payer de leur argent la dépense qu'ils auront autorisée.

Ce Bureau était composé de l'évêque de Lectoure, qui en était le président, de membres du corps ecclésiastique (vicaires généraux ou chanoines), d'officiers du roi (juge mage, conseiller, procureur de messieurs du corps consulaire), et enfin de plusieurs notables bourgeois.

D'après les règlements, le Bureau devait tenir ses séances chaque vendredi, à l'hôpital, à l'évêché ou à la maison commune; malheureusement ces réunions n'avaient pas lieu d'une façon régulière.

Les consuls avaient conservé tout d'abord l'administration des deniers des pauvres, mais comme les consuls changeaient chaque année, il leur arrivait souvent de rendre mal leurs comptes, et quelquefois plusieurs années se passaient sans qu'aucun règlement n'eût été fait; c'était là une grosse perte pour les indigents qui voyaient ainsi leurs revenus dilapidés. Pour remédier à ces inconvénients, le 27 juin 1658 [1], Son Altesse Royale écrivit une lettre, par laquelle elle exigeait *que le revenu des pauvres soit à l'avenir pris par un bourgeois qualifié pour en faire la recepte et en rendre compte quand le bureau l'ordonnerait.*

Quelque temps après, il fut décidé [2] que le premier vendredi de chaque année le bureau élirait à la pluralité des voix un *trésorier* des pauvres et le nommerait pour un an. Ce devait être la première année un ecclésiastique, la seconde un avocat ou un bourgeois qui ne fût pas marchand, et la troisième année un marchand; ainsi tous les ordres étaient appelés, à tour de rôle, à remplir cette charge.

A la prière du bureau, le trésorier pouvait rester en fonctions plusieurs années; quand il quittait sa place, on était obligé de choisir son successeur dans une autre classe. Le trésorier recevait les deniers des pauvres, les faisait distribuer; il rendait ses comptes aux consuls trois mois après son administration.

Le bureau élisait aussi annuellement un *syndic*, souvent le même syndic était renommé plusieurs fois, et il n'abandonnait sa charge que contraint par sa santé ou son grand âge. Si les membres du bureau refusaient l'honneur d'être trésoriers ou

[1] Archives hospitalières, registre 1657-1673, f° 6.

[2] Arch. hosp., registre 1657-1673, f° 69.

syndics, on les condamnait à une amende qui, à la fin du XVIIe siècle, en 1667 [1], s'élevait à cinquante livres.

Les personnes élues, trésoriers ou syndics, qui avaient exercé lesdites fonctions ou acquitté l'amende n'étaient plus éligibles pendant quinze années.

Si par hasard la personne désignée se trouvait malade ou dans l'impossibilité de remplir sa mission, elle avait l'obligation de produire un certificat de deux médecins attestant son impotence. Ce fut le cas [2], en janvier 1699, de Garipuy nommé trésorier.

Le syndic et le trésorier devaient, le vendredi après leur nomination, prêter serment sur les saints évangiles, entre les mains de l'évêque ou, en son absence, du vicaire général, s'ils étaient ecclésiastiques, et les laïques entre les mains du juge mage ou d'un autre officier du bureau.

Maintenant que nous connaissons les directeurs de l'assistance, il nous faut étudier son fonctionnement.

Les pauvres, les malades, les enfants, les vieillards étaient secourus dans les hôpitaux ou à domicile.

Lectoure, dès le XVe siècle, possédait de nombreux établissements hospitaliers; il y en avait dans la campagne, aux faubourgs, dans l'intérieur de la ville.

A l'est, nous voyons l'*hôpital Saint-Jacques de la Peyronnelle* [3], près de l'Esquerre [4], au lieu dit encore de nos jours à la

[1] Arch. hosp., registre 1657-1673.

[2] Livre de comptes 1685-1700, f° 28.

[3] Arch. hosp., livre de comptes, 1517-1656, f° 356.

L'hôpital de la Peyronnelle avait été fondé (*Itinere romivali*) sur les bords d'un chemin de Saint-Jacques; abandonné après sa ruine, un prêtre nommé « Raymond « Colombi dict moussen Dousset, p[re] pribandier en la cathédrale de Lectoure », s'était emparé de ses revenus, affirmant qu'ils faisaient partie des bénéfices d'une chapelle dont il était le titulaire. Les administrateurs des hôpitaux lui intentèrent un procès en restitution au nom des pauvres de la ville. Colombi ne pouvant prouver son dire fut obligé « de bailher et payer par chascune année et cuilhete tant qu'il jouyra et tiendra « le dict hospital et ce aux gouverneurs dudict hospital Dieu nommé du Sainct Sprist « la quantité de quinze sacz bled forment et cinq sacz mesture mesure de Lectoure... « pour les convertir au profict des pouvres. »

En 1627, les gouverneurs des hôpitaux « sont dans la nécessité » de vendre la Peyronnelle et ses dépendances à Larlat, qui achète cette terre pour 5.000 livres.

[4] L'Esquerre est un ruisseau qui se jette dans l'Auroue, près de Castet-Arrouy.

Peyronnelle; à l'ouest, *l'hôpital de Sainte-Catherine*[1] au Pont-de-Piles; *l'hôpital de Notre-Dame de Correge*[2], *l'hòpital de Santa-Aribeta*, *l'hôpital de Siera*[3], *l'hôpital Dansas*[4], *l'hòpital deu Castany*[5] se trouvaient aussi dans les environs de la ville, mais il nous est impossible d'en fixer l'emplacement exact.

L'hòpital Saint-Jean-Baptiste était situé au faubourg[6], dans le voisinage de la croix actuelle, *l'hôpital Saint Jacques* ou *de Saint-Antoine*[7] était contigu avec l'église Saint-Antoine; près de la porte du Saint Esprit[8], existait un autre hôpital sous le vocable de *Saint-Jacques*.

Nous ne citons que pour mémoire *l'hôpital de Rouquete*[9], où les consuls envoyèrent les pauvres de la ville pendant l'épidémie

[1] Arch. hosp., livre de comptes, 1457-1486, f° 13 r°.

Cet hôpital, situé sur les bords du Gers, était dominé par le château des comtes d'Armagnac; il fut ruiné et démoli au XVI° siècle, lors des guerres de religion. Les ecclésiastiques s'emparèrent de cet établissement et de ses dépendances et le transformèrent en chapellenie. Géraud Cazaubon, prêtre, en était le chapelain en 1563; les administrateurs des hôpitaux lui firent un procès pour rentrer en possession de ces terres. On décida que Cazaubon en jouirait sa vie durant, et qu'à sa mort les biens et revenus de cette chapelle reviendraient aux pauvres.

[2] Arch. hosp., livre de comptes, 1457-1486, f°s 37 et 38. On travaille à « *l'hospitalet* « de N.-D. de Correge ».

[3] Archives municipales, CC 24, 1522-1523, f° 2 v°.

[4] Arch. municip., CC 19, 1505-1506, f° 49 v°, et CC 21, 1516-1517, f° 44 v°.

[5] Arch. municip., livre blanc, f° 68. « Johan de La Roqua deu que pres de lespitau « deu Castanh quand lo fasen deffa per mete à la Tor nava CCL canaus que meton a « lostau de Pey Faydic. » (Jean de La Roque doit deux cent cinquante tuiles à canal qu'il a prises de l'hôpital du Castang quand on l'a fait démolir pour les porter à la maison de Pierre Faydic.)

[6] Arch. hosp., livre de comptes, 1457-1486, f° 53 v° et suivants.

On le démolit en 1468-1469. « Recepta d'argent feyta per los dits governados de la « justa et tenle de lespitau de Sent Johan unit a lespitau deu Sant Sperit. ».

[7] Arch. hosp., livre de comptes, 1486-1517, f° 259 r°. Cet hôpital occupait l'emplacement actuel des maisons Labarthe et Lacapère. « Vidal de Mejeville » en fait l'inventaire le 5 juillet 1558, f° 158 du livre de comptes de 1517-1656. Comme l'hôpital Sainte-Catherine, il fut détruit à l'époque des guerres de religion et converti en chapellenie; Jean Brescon, prêtre, en était chapelain en 1563; à sa mort, les gouverneurs du Saint-Esprit en prennent possession.

[8] La porte du Saint-Esprit ou « Porte Cluze » se trouvait au nord, à l'extrémité de la rue actuelle du Saint-Esprit.

[9] Arch. mun., BB 6, f° 1653. Rouquete était situé à l'embranchement de l'ancienne route de Saint-Clar, aujourd'hui de Castelnau-d'Arbieu, avec la route d'Agen.

de peste de 1653, et la *léproserie* [1], sise au Pont-de-Piles, à côté de l'hôpital Sainte-Catherine.

L'hôpital le plus important se trouvait dans l'intérieur de la ville, c'était l'*hôpital du Saint-Esprit*, il voisinait avec l'église du même nom dont il n'était séparé que par un étroit *carerot* [2]. Il devait être un jour l'unique hôpital de Lectoure, après la disparition des établissements que nous venons d'énumérer.

En 1566 [3] les consuls l'abandonnèrent et firent transporter les malades au quartier de Guilhem Bertrand, « où dernièrement « souloict tenir les écoles ». En 1578 [4] les pauvres occupaient encore une partie des bâtiments scolaires en même temps que « ceux de la religion prétendue réformée, qui depuis plus de trois « ans utilisaient la grande salle du collège pour leurs exercices « religieux ».

Les écoliers souffrirent de cet empiétement car leurs études furent désorganisées. Aussi François Solles, procureur au sénéchal et syndic catholique de Lectoure, demanda [5] « que les pauvres se « retirent à leur maison et ospital près du temple du Saint- « Esprit ». Le 1er août 1578 la jurade décida [6] « que le remuement « des pauvres à leur maison et l'exercisse des lettres au lieu ancien « et accoustumé sera effectué et l'exécution remise aux susdicts « seigneurs consuls ».

Quelques années plus tard les pauvres furent de nouveau transférés aux écoles du quartier Guilhem Bertrand et l'hôpital du Saint-Esprit cédé pour y fonder un collège. Cette nouvelle

[1] La communauté vend à Jean Mostafa la léproserie et les dépendances en 1656 (Agasson, notaire). En 1682, les chevaliers et le commandeur de N.-D. du Mont-Carmel, Saint-Lazare et Jérusalem revendiquent la léproserie et font condamner Louis Moustafa, héritier de Jean ; il doit payer 20 l. par an pendant vingt-neuf ans pour les fruits de cette terre. La communauté de Lectoure soutint Moustafa pour son procès et le remboursa.

[2] Arch. hosp., livre de comptes 1457-1486, f° 38.

[3] Arch. hosp., livre de comptes 1517-1656, f° 171. Cet emplacement est occupé aujourd'hui par la gendarmerie et les maisons Caze et Duluc.

[4] A. Plieux, *Étude sur l'instruction publique à Lectoure depuis la fin du* XVe *siècle jusqu'à nos jours*, p. 18.

[5] Arch. mun., BB 3, record du 27 février 1578.

[6] Arch. mun., BB 3, record du 1er août 1578.

Maison-Dieu, comme on l'appelait alors, était toute petite et bien délabrée. Les gouverneurs de 1659 [1] se virent dans l'obligation de la faire rebâtir; pendant les réparations, les Dames de la Miséricorde [2] recueillaient les malades dans une maison voisine louée à cet effet.

Au moment de la création des hôpitaux généraux, en 1676 [3], Hugues de Bar [4], évêque de Lectoure, transforma en hôpital général l'établissement hospitalier de Guilhem Bertrand; il obtint à ce sujet des lettres patentes du roi. Un de ses successeurs, Mgr de Narbonne-Pelet [5], voyant l'insuffisance de cet hôpital et l'impossibilité de l'agrandir [6], *étant situé d'un costé sur les murs de la ville et des autres entre des rues qu'il n'était pas possible de fermer*, supplia Louis XV de lui donner *gracieusement* le vieux château des comtes d'Armagnac, *sis dans l'enceinte et à la porte de la ville de Lectoure, sur l'escarpement du côté du couchant, pour y construire à ses frais et dépens l'hôpital général.*

Le roi acquiesça à sa prière et par un arrêt du conseil d'État, tenu à Versailles, le 9 décembre 1758, [7] il fit don à l'évêque du château de Lectoure où s'éleva bientôt l'hôpital qui existe encore de nos jours.

Aux XVe et XVIe siècles, les hôpitaux étaient des maisons de refuges, de véritables *hostelleries* placées sur le bord des routes conduisant aux pèlerinages célèbres où les pèlerins, les *romius*, comme on les dénommait, trouvaient asile et nourriture; ces établissements hospitaliers se composaient d'une ou deux petites chambres.

L'hôpital du Saint-Esprit, quoique le plus important de la ville,

[1] Arch. hosp., registre des délibérations 1657-1672, f° 14.

[2] Arch. hosp., registre des délibérations 1657-1672, f° 49.

[3] Arch. hosp., AA 1. « Établissement d'hospital général en la ville de Lectoure pour « le diocèze de Lectoure », décembre 1677. Lettres patentes de Louis XIV.

[4] Hugues de Bar était évêque de Dax quand il fut nommé évêque de Lectoure, en 1676; il mourut le 22 décembre 1691.

[5] Claude-François de Narbonne-Pelet succéda, en 1746, à Paul-Robert Heurtaud de Beaufort.

[6] Arch. hosp., AA 3. Extrait des registres du conseil d'État, 9 décembre 1758.

[7] Arch. hosp., AA 4. Extrait des registres du conseil d'État, 31 mars 1764.

était cependant bien pauvre, comme le dénote son inventaire de 1467-1468[1].

On y trouvait :

En la sala bassa deldit hospital, a l'entrada deud. hospital, VI arcalieyts de fustas.

Item plus VI cosnas ab pluma.
Item plus V traverses ab pluma.
Item quatre cobertas de lan.
Item Iª coberta de lan roge et grogua que donec Pey Dabers.
Item plus IIII^{tre} linssos.

En lo trolh deld. hospital[2].

Premerament duas cubas bonas per metre la berelha (*sic*) (berenha).
Item Iª aut[a] cuba bielha.
Item duas pipas boeyt[tas].
Item hun tonet.
Item dus cubats bos.

En lo sole haut costa lo granè.

Premerament dus arqualieytz de fustz.
Item duas cosnras ab pluma.

[1] Arch. hosp., 1457-1486, fº 52 et suivants.

[2] Dans la salle basse en entrant à l'hôpital :

Six bois de lit, plus six couettes avec de la plume, plus cinq traversins avec de la plume, quatre couvertures de laine, une couverture de laine rouge et verte donnée par Pierre Dabers, plus quatre draps de lit.

Dans le pressoir de l'hôpital :

D'abord deux cuves bonnes pour mettre la vendange, une autre cuve vieille, deux pipes vides, un tonneau, deux bons cuviers.

A l'étage d'en haut à côté du grenier :

D'abord deux bois de lit, deux couettes avec de la plume, deux traversins avec de la plume, une couverture de laine, deux draps de lit usés.

Au grenier de l'hôpital :

D'abord une doloire pour le pressoir, un anneau de pressoir, une barre de bois, une bouteille (piche) de un quart et une canette de demi-quart d'étaing, les deux vieilles et trouées; une caisse avec quatre pieds contenant six draps de lit neufs et un autre presque neuf, une autre caisse de noyer se fermant à clef et contenant, d'abord, six bons draps de lit, une couette neuve sans plume et un traversin neuf sans plume.

A la chambre haute où est la cheminée :

D'abord une chaudière de cuivre pour faire les lessives, un chaudron petit en cuivre, une cuvette de bois pour faire les lessives, un bois de lit, et dans le lit il y a une couette, un traversin avec de la plume, une couverture, deux draps de lit, une caisse vieille en chêne avec quatre pieds, sept draps de lit vieux et bons qui ont été donnés.

Item dus travesses ab pluma.
Item una cuberta de lana.
Item dus linsolz blasitz.

En lo granè deud. hospital.

Premerament Iª doladera per lo trolh.
Item hun anet deu trolh.
Item Iª barra de fus.
Item hun piche de hun cart. e una caneta de miey cart. d estanh bielhs et ratz.
Item una cayssa ab quatre petz en que ha VI linssolz naus e hun aut[e] linsol (*sic*) quasi nau.
Item plus una ant[a] cayssa de nogue en que a las causas en siguens e se barra ab clau.
Premerament VI linsos bos.
Item Iª cosna nova ses pluma.
Item hun traverce nau ses pluma.

En la cramba hauta on es la chemineya.

Premerament Iª caudera de coeyra per fe bugadas.
Item hun cauderon de coeyra petit.
Item una cubeta de fust per fe bugadas.
Item enlod arqualieyt ha Iª cosna 1 travesse ab pluma.
Item Iª coberta.
Item dus linssols.
Item Iª cayssa de corau bielha ab IIII petz.
Item linssols que bons que bielhs foron bailhatz entro au nombre VII linssols.

En résumé neuf lits complets, quinze draps de lit, sept couvertures de laine composaient toute la richesse mobilière de cet établissement.

En 1472, lors du siège et de la destruction de Lectoure, les gens de Louis XI n'épargnèrent pas l'hôpital du Saint-Esprit, il fut rasé comme le reste de la ville. En 1477, il est encore si pauvre que les gouverneurs n'en font pas l'inventaire, car « en lo dit espitau non abe nulha causa car hun lieyt que y abe « era de huna fenna de Condom e se len portet [1] ».

L'hôpital ne fut restauré que petit à petit, en 1501-1502 [2], la

[1] Arch. hosp., reg. 1457-1487, f° 75.
[2] Arch. hosp., reg. 1486-1517, f° 179.

salle basse seule est aménagée, elle renferme « VIII leytz garnitz « de cosna trabese dab pluma ab los arcaleylz »; les pauvres mangeaient et couchaient dans cette pièce.

Au commencement du XVe siècle, les hôpitaux étaient administrés par deux gouverneurs[1], en 1468[2] les gouverneurs étaient au nombre de trois; en 1566, quand l'hôpital du Saint-Esprit fut transféré près du couvent des Carmes, leur nombre fut porté à quatre. A la fin du XVIe siècle les consuls, nous l'avons déjà vu, furent chargés de l'administration des biens des pauvres et des hôpitaux. Comme il y avait six consuls, il y eut six gouverneurs pour les hôpitaux; chacun avait pendant deux mois la surveillance des deniers de l'hôpital.

On choisissait les gouverneurs parmi les notables de la ville; ils étaient élus « per la universitat de la ciutat[3] ». Tout le « poble menut », tous les citoyens de Lectoure, assemblés au son de la trompe, concouraient à cette élection, comme ils concouraient à l'élection de leurs consuls.

Ces gouverneurs, élus pour un an, entraient en fonctions le 24 juin, jour de la Saint-Jean-Baptiste. Chaque année les gouverneurs sortants devaient rendre leurs comptes à leurs successeurs.

Cette reddition de comptes était l'occasion d'agapes auxquelles assistaient les consuls et le notaire chargé de rédiger l'acte d'installation. Ces repas étaient de vrais festins, et les revenus des pauvres, qui servaient à les payer, en souffraient beaucoup.

Les gouverneurs de 1460-1461 se montrèrent raisonnables; ils ne dépensèrent ce jour-là[4] « en pan, bin, carn, abelanas[5], e « peras », que IX gros[6]. Mais en 1496-1497, le repas fut monstrueux, en voici le menu et le prix[7] : « Despensen en pan,

[1] Arch. hosp., reg. 1457-1487, f° 1 (Guilhem Delas et Bernat de Bavetz, merchans regidos e guobernados).

[2] Arch. hosp., reg. 1457-1487, f° 52 (Guilhem Borde, Arpin de Troyna e Johan de Sobanhan, guobernados et regidos).

[3] Arch. hosp., reg. 1457-1487 (Par la cité entière; c'était le suffrage universel).

[4] Arch. hosp., livre de comptes, 1457-1487, f° 25 r°.

[5] *Abelanas*, noisettes.

[6] Le *gros* valait 16 deniers tournois. (Cf. *Bull. Soc. Arch.*, 1902, p. 97).

[7] Arch. hosp., livre de comptes, 1486-1517, f° 134 r°.

« tretze ardits; un parelh de aucatz, tretze ardits; tres parelhs de « gariats, setze ardits; especias, syes ardits; moton, detz et nau « ardits; carn salado, quate arditz; seses e hœus, tres ardits; una « pessa de betet, quate ardits; duas tartas, oeyt ardits; sucre, « dus ardits; juncada [1], dus ardits; coradilhas [2] de crabots per fe « la fricaseya, syes ardits; bin blanc et roge, quate gros; tot, un « scut dus gros. »

L'addition s'élevait à un joli chiffre; le total de la dépense des hôpitaux, cette même année, était de *seize écus quatre gros trois ardits et un denier* [3], et la dépense pour les malades montait à *deux écus six ardits* [4].

Ces abus disparurent avec la création du Bureau des pauvres. A partir de ce moment on ne remarque plus de notes semblables dans les comptes des gouverneurs.

En outre des redditions de comptes qui avaient lieu chaque année, le Bureau exigeait des revisions générales. En 1547 [5], nous voyons le sénéchal, le juge-mage d'Armagnac, le vicaire général et le chanoine de Saint-Julien reviser et clore les comptes des hôpitaux de 1537 à 1547.

Le budget des hôpitaux était indépendant de celui de la ville; malgré toutes nos recherches dans la longue série des comptes consulaires [6], nous n'avons trouvé aucune trace des dépenses relatives aux établissements hospitaliers. Les hôpitaux vivaient de leurs propres revenus et de la charité publique.

Ils avaient des terres qu'ils affermaient ou qu'ils faisaient travailler par des métayers, des fiefs qui leur donnaient des rentes annuelles en nature ou en argent; ils tiraient des bénéfices de la location des greniers, des redevances exigées pour presser

[1] La *juncade* était un fromage fait avec du lait caillé que l'on enveloppait dans des joncs, d'où son nom de *juncade*.

[2] Fraissure.

[3] Arch. hosp., livre de comptes 1486-1517, f° 135 v°.

[4] Arch. hosp., livre de comptes 1486-1517, f° 132.

[5] Arch. hosp., livre de comptes 1517-1656, f° 70.

[6] Les Archives municipales possèdent les comptes consulaires à partir de 1501; ils ne sont malheureusement pas complets, certaines années font défaut; mais on peut, grâce à ceux qui restent, reconstituer la vie municipale de la cité lectouroise.

la vendange des particuliers au pressoir du Saint-Esprit, d'aumônes faites par testament, d'argent recueilli le jour des funérailles ou des anniversaires, de libéralités faites le vendredi-saint ou le jour de Pâques à la porte de l'hôpital, d'amendes en faveur des pauvres auxquelles les consuls condamnaient certains contrevenants.

De plus, une fois par semaine, le dimanche et certains jours de fête locale, pour la Saint-Geny et pour la foire de la Saint-Martin, l'hospitalier devait parcourir la ville avec un bassin, demandant l'aumône pour les pauvres de l'hôpital; il avait *hun esquyron*[1] pour annoncer son passage.

On faisait aussi des quêtes en nature en dehors de la ville; l'hospitalier prenait tout d'abord des lettres de permission auprès des autorités ecclésiastiques ou judiciaires pour pouvoir quêter dans l'étendue du diocèse ou dans les limites de la juridiction[2].

« Lebem hua letra per ana a la quysta per labescat e l'agom de « M^te^ Jaques Benyery, costec x ardits. »

Les gouverneurs donnaient à l'hospitalier « hun parelh de « sabatos sobersolatz[3] per ana a la quysta »; ils les achetaient en 1487 : « v gros » à « Pey lo sabatè ».

Il ne faut pas croire que ces quêtes étaient très fructueuses : en 1488[4], pour la foire de la Saint-Martin, la recette ne s'éleva qu'à six ardits; en 1532[5] le produit des aumônes de la semaine sainte fut plus important : l'hospitalier et l'hospitalière ramassèrent la somme de vingt-sept sous; mais tout ne fut pas bénéfice, on donna « quatre doblas au vicary deu Sanct Sperit qui a confes- « satz los paubres de l'ospitau », trois doubles à l'hospitalier et à sa femme pour les récompenser d'avoir couru la ville; il ne resta pour les pauvres que vingt et un sous et deux deniers.

[1] Arch. hosp., livre de comptes 1486-1517, f° 10 r°. — En 1549, « l'esquiron ab loqual « hospitalle abia coustuma d'anar demandar l'aumoyna los dimenches per los paubres « era romput es estat reffaict de nau per Me Jehan Mauret, campanyer d'Agen ».

[2] Arch. hosp., livre de comptes 1486-1517, f° 23 r°.

[3] *Sobersolatz*, doublement semelés. Arch. hosp., livre de comptes 1486-1517, f° 24.

[4] Arch. hosp., livre de comptes 1486-1517, f° 18 r°.

[5] Arch. hosp., livre de comptes 1532-1535, f° 21.

Certaines années, les Lectourois ne voulaient rien donner à l'hospitalier[1] « a causa de la gran cantitat de praubes qu'eran per « las portas ». Ces cas étaient heureusement très rares, presque jamais on ne fit appel en vain à leur générosité.

Les dames de Lectoure, au xve siècle, se faisaient un devoir de venir en aide aux malheureux; elles allaient par la ville et la juridiction demandant de porte en porte, « per amor de Diu[2] », de l'étoupe et du lin qu'elles faisaient filer, puis tisser pour les pauvres de l'hôpital.

En 1457[3], le budget de l'hôpital du Saint-Esprit était bien modeste, les recettes s'élevaient péniblement à vingt-quatre écus quatre ardits, et les dépenses montaient à dix écus treize gros neuf deniers. Pendant tout le xve siècle les dépenses et les recettes sont assez minimes, puisque dans l'espace de dix ans, de 1486 à 1496[4], les gouverneurs ne recueillaient que « quatre cent « dix-huict escus neuf gros cinq ardits », tandis qu'ils dépensaient « quatre cent dix-neuf escus dix gros quatre ardits ».

Les dépenses et les recettes augmentèrent aux xvie et xviie siècles; d'autres éléments entrèrent alors en ligne de compte, d'une part les libéralités nombreuses des évêques et des bourgeois et, d'un autre côté, les centaines de malheureux courant les rues et les campagnes, implorant un secours pour ne pas mourir de faim.

C'est à cette époque que l'on afferma les revenus de l'hôpital aux enchères publiques et au plus offrant[5].

« L'an 1533 et la dix-neuvième de jun, jour de Monsg^e Sanct « Gervais, a la yssue de vespres, audavant la glyse de Sanct-« Gervais, los fructz e emolamens de l'espitau deu Sanct-Sperit « son estatz arrendatz a son de trompa e à la candela per tres « ans revolutz, comensans à la festa de sanct Johan-Batista

[1] Arch. hosp., livre de comptes 1486-1517, f° 217.
[2] Arch. hosp., livre de comptes 1457-1486, f° 64.
[3] Arch. hosp., livre de comptes 1457-1487, f° 8 r°.
[4] Arch. hosp., livre de comptes 1486-1517, f° 122.
[5] Arch. hosp., livre de comptes 1532-1535, f° 3. — Antony Michaelis, notaire à Lectoure, retint cet acte.

« prochan e finissent à semblable festa losdits tres ans revolutz, « loqual arrendt es demorat a Domenges Dayrant dit Lion, « consul deudit Lectora, per sies vings quinze scutz contant per « scut cent e detz arditz per an. » Ce qui fait pour les trois ans un total de « quatre cens cinq scutz ».

En 1631[1], Bertrand Larlat était le fermier des revenus de l'hôpital pour *douze cent cinquante livres*[2].

Quand la grêle ravageait les récoltes, « les arrendadors deus « emoluments et frutz » demandaient « rebays et deduction » sur le prix de la ferme; le bureau faisait apprécier « lo domatge de « la peyra[3] » par des « estimadors[4] »; il diminuait ensuite le montant de la rente[5].

Certaines années, personne ne se présentait pour enchérir, le trésorier se trouvait alors dans l'obligation de s'occuper de toute la question budgétaire. Il faisait rentrer les rentes, touchait les redevances du moulin de Repassac[6], les revenus des métairies et payait les dépenses des pauvres hospitalisés.

Les hôpitaux au XVe siècle étaient plutôt des maisons de refuge où venaient se reposer les pèlerins allant aux sanctuaires célèbres que des établissements destinés à recevoir des malades. En 1462[7], les gouverneurs emploient deux ardits « per candelas « que nabia paubres malaus per las belha ». Il faut ensuite arriver en 1480[8] pour s'apercevoir que l'hôpital du Saint-Esprit servait réellement à des malades; en effet, on porte cette année à l'hôpital « hun home de Armanhac locau abe la cama rompuda e

[1] Arch. hosp., délibérations 1630-1643 (10 janvier 1631).

[2] Les fermiers des revenus et fruits demandaient un rabais et une diminution.

[3] Le dommage de la grêle.

[4] *Estimadors*, experts.

[5] Arch. hosp., livre de comptes 1517-1656, f° 55.

[6] Le moulin de Repassac se trouve sur le Gers, en aval de Lectoure, à trois cents mètres environ en aval de l'ancien pont de Piles. En 1461, l'hôpital prenait « la hoye« tena part deu punherat deu moulin ». — Arch. hosp., livre de comptes 1457-1486, f° 31.

[7] Arch. hosp., livre de comptes, 1457-1486, f° 45 v°.

[8] Arch. hosp., livre de comptes, 1457-1486, f° 83.

« no abe punt d'amix[1] », et pour le faire « adoba e mes gari a « hun home de La Roqua de Fimarcon aperat Marsolan, costet « de gari hun scut[2] ».

Les années suivantes, nous voyons, à de longs intervalles, quelque malade venant se faire traiter à l'hôpital; ce sont les *rebouteurs* qui sont chargés de leur prodiguer leurs soins.

Marsolan arrange une jambe à un soldat du comte d'Armagnac; « La Margot[3] », en 1492, soigne « un malau de las « camas », les gouverneurs lui fournissent pour le traiter « hun « cartaron de sera que costec VI ard. 1/2 e r^a liura dolhy dolhyba « a v ardits ». Il en est de même aux siècles suivants. Une femme, La Comarengua[4] a la spécialité de guérir le « mal de Naples »; une autre femme de Lagarde-Fimarcon[5], Guiraulde de Lyet se charge de traiter et de guérir tous les enfants teigneux de l'hôpital. Elle passe[6] à cet effet des contrats notariés avec les consuls, où il est stipulé qu'elle s'engage à guérir les enfants dans deux mois, et la guérison doit être constatée par des médecins et des chirurgiens.

Dans Lectore et maison comune dicelle ce jourdhui quatrie^me jour de septanbre mil v^c nonante cinq, régnant Henry, par la grâce de Dieu roy de France et de Navarre, pardevant moy not^re royal, etc., constitués en leurs personnes Pey de Pons et Guiraude de Liet, mariés du lieu de Lagarde, lesquels ont entreprins de guarir de la tiuhe sept petis enfans pepiles et pouvres de la présant ville et juridiction només Marsan de Golart, Bernard et

[1] Un homme du comte d'Armagnac qui avait la jambe cassée et qui n'avait point d'amis.

[2] « Soigner et de plus guérir par un homme de La Roque-Fimarcon, nommé Marsolan, « sa guérison coûta un écu. » La Roque-Fimarcon est aujourd'hui Larroque-Engalin, petite commune au nord-ouest de Lectoure.

[3] Arch. hosp., livre de comptes, 1486-1517, f° 83.

[4] Arch. hosp., livre de comptes, 1486-1517, f° 314 v°. « Despensa per garir Jan- « nounet deu mau deu Naplas foc bailhat a la Comarangua que lo garisse III gros. « Item plus a Guilhem de Peres per drogas per far los onguens XV gros. » Ce Guilhem de Pérès était un apothicaire de Lectoure. Grâce à M. Brieux, le mal de Naples est connu de nos jours sous le nom « d'avarie ».

[5] Arch. hosp., livre de comptes, 1517-1656, f° 242, f° 252 v°, f° 253 r°, f° 265 r°, f° 269 r°, f° 270. Pey de Pons n'intervient dans cet acte que comme mari de Guiraude de Liet, qui était seule chargée de guérir les teigneux.

[6] Arch. mun., GG 49, liasse 112 et 113.

Bertranon de Beye, fraires Guilhem de Chichet, Jehan de Gaudete, Jehan Rozis et Joseph Campunaul, et aux fius de fere ladite garison lesdits sept enfans luy sont esté présantement délivrés. Lesquels mary et feme, le mary respondant pour tout, ont promis les bien et duement guarir de la dite tinhe à perfection, come il sera veu et visité et cogneu par les médesins et sirurgiens, cependant à les norrir et entretenir de bouche, à peyne de tous despens domages intérêtz, et moyenant ce Messieurs du Chapitre et consulz soubs signés ont promis donner et payer auxdits mariés la some de dix-sept escutz sol, de laquelle, ils ont receu présantement par les mains de Jehan Darre faisant pour M. Arnauld Broa, distributeur des pouvres, la somme de six escutz sol dus tiers en cars descu et monoye, et le reste se payera ainsin que sera advisé et que ladite garison se faira et pour tout ce dessus tenir garder et observer les parties contrectantes ont ypotéqué et obligé savoir : le dit Pons pour luy et sa feme tous et chescuns ses biens présans et advenirs et les gouverneurs les biens des hôpitaulx [1].

Si le traitement de Guiraulde de Liet ne parvenait pas à « garir de la tigne [2] dans le temps et espace de deux moys », elle devait « fere garir lesdits enfants à sa despens et à son fons ».

Les gouverneurs des hôpitaux accordaient souvent de l'argent à des malades pour aller au loin « se fere guérir un doigt [3] », « se fere pancer le bras et l'espaule par le mestre Destafort [4] », ou « ce fere acoutrer les yeulx à Me Jehan Rizot, oculiste à Tournecoupe [5] ».

[1] Cet acte a été retenu par Jehan Montession, notaire royal à Lectoure, aux XVIe et XVIIe siècles; la ponctuation et l'accentuation y manquent totalement. Deux registres des minutes de ce notaire sont conservés à l'étude de Me Boué du Boislong, notaire à Lectoure.

[2] Arch. hosp., registre des quêtes du bassin des pauvres, 1542-1638, f° 190 r°.

[3] Arch. hosp., « cayer de recepte et despence faicte par moy Loys Gaixadoat pour « les pauvres de la présent ville et cloz dicelle comancant le sabmedy 7 mars 1592 », f° 20.

[4] Arch. mun., GG 49, liasse 119 (4 septembre 1599), et Arch. hosp., « cayer de « Gaixadoat », id., f° 22.

[5] Arch. hosp., « cayer de Gaixadoat », 1592, f° 24.

Dans la séance du 4 décembre 1893 de la Société Archéologique du Gers, M. Tierny, archiviste, a fait une courte étude de cet oculiste gascon (*Soirées archéologiques*, t. II, p. 123 et suiv.). Nous avons trouvé dans les minutes de Trélaigue, notaire à Lectoure, au XVIe siècle, conservées chez Me Boué du Boislong, un testament intéressant où il est encore question de Jehan Rizot.

Minutes de Trélaigue, 1587-1588, f° 30. — Testament de Jehan Duprat, menuisier, malade de la contagion. Duprat est marié à Raimonde de Myrande, il a deux filles

Ils font même transporter[1] « sur cinq branquart », à l'hôpital de Condom, un pauvre homme nommé Galas « qui patit grande- « ment d'une harnye »; un père de la Charité de Condom, de passage à Lectoure, a commencé de le guérir et il doit lui continuer ses soins à l'hôpital de Condom.

D'autres fois, ils traitaient avec des médecins étrangers[2] pour soigner les pauvres malades; en 1511-1512, ils chargeaient « mossen Bernat Daurio, deu loc de Madiran en Ribera, de garir « la goya qu'es en carriot et l'autra qu'es malausa au dit espitau », pour la somme de « six écuts petits ».

Nous voyons par hasard, en 1497, « hun metge e hun barbe », appelés à l'hôpital du Saint-Esprit, « per medisina hun malau « que era tonbat de la gleysa deus Carmes e demora en la « careta[3] ». On donne douze gros « au metge que lo medesinaba « per sa pena e despensa que hun barbe que sy fase dap lo dit « metge ».

Nous trouvons encore en 1498 « que un barbe adobec hun « peyre qu'abe demorat ab meste Matiu que abe lo crane e la « gorga que no pode parla ne minga, e la donen per lo gary « VI gros[4] ».

Il faut arriver à la fin du XVIe siècle pour voir un médecin et un chirurgien attachés à cet établissement. Bénigne Milhères, docteur en médecine, reçoit vingt livres, et Pierre Aurio, chirurgien, quinze livres pour soigner les pauvres de l'hôpital.

Germaine et Jehanne. Cette dernière est presque aveugle « de certaines catherates qui « donnent empeschement à icelle lequel testateur estoit en volonté de lui faire ouster à « Me Jehan Rizot, occuliste de Tournecouppe, dequoi il lui avoyt asseuré lorsque la dicte « Jehanne auroict atteint l'eaige de sept ans ».

[1] Arch. hosp., registre des délibérations, 1657-1673, f° 32 et suivants.

[2] Arch. hosp., livre de comptes, 1497-1517, f° 314 r°. — « Monsieur Bernard Daurio, « du lieu de Madiran en Rivière, de guérir la fille qui est au charriot et l'autre qui est « malade à l'hopital. »

[3] Arch. hosp., livre de comptes 1486-1517, f° 144 v°.

[4] Maître Mathieu était Mathieu Reguaneau, « peyré » tourangeau, qui vint s'établir à Lectoure en 1487, où il construisit le clocher de la cathédrale Saint-Gervais. Son testament, par Guillaume Rigaldi, notaire à Lectoure, le 28 décembre 1504, est conservé dans l'étude de Me Boué du Boislong. Il a été publié dans une *Notice sur le clocher de Lectoure*, par E. Camoreyt, en 1899. Arch. hosp., livre de comptes 1486-1517, f° 150 v°.

Au XVIIe siècle, M. de Salles, médecin de l'hôpital, était payé quarante-cinq livres qu'il distribuait aux pauvres honteux. Le bureau lui adjoignit deux autres médecins, MM. de Louet et Corrent; M. de Salles accepta l'aide de ces deux docteurs, mais il exigea d'eux l'abandon de leurs gages entre les mains du trésorier qui devait les distribuer aux pauvres honteux[1].

A cette même époque les gages du chirurgien étaient de « vingt-quatre livres[2] »; en 1661, Dauryac, chirurgien[3], avait exigé « trente huict livres » pour servir l'hôpital, mais les gouverneurs, fatigués de payer cette somme, s'adressèrent au « sieur « Sentou, chireurgien, enfant de la ville », qui s'était offert de rendre ce service aux pauvres « aux anciens gaiges de vingt- « quatre liures ». A la fin du XVIIe siècle, en 1687[4], Margouet était chirurgien de l'hôpital et touchait les mêmes honoraires.

Au début de notre étude, les malades étaient très peu nombreux à l'hôpital, puisqu'on ne dépense, en 1493-1494[5], qu'un seul écu et un ardit pour les nourrir et les soigner. Les années suivantes les dépenses pour les malades varient entre un, deux, trois écus; exceptionnellement, en 1507-1508[6], elles s'élèvent à la somme de sept écus neuf gros et demi. A la fin du XVIe et pendant le XVIIe siècle les dépenses augmentèrent avec le nombre des malades.

L'hôpital ne nourrissait que les pauvres malades « que no « podon anar serquar l'aumoyna per la bila que demoran en « carso[7] »; les autres étaient tenus d'aller mendier leur nourriture dans les rues et, le soir venu, quand ils rentraient, s'ils n'avaient pas suffisamment ramassé pour vivre, ils recevaient un petit secours[8].

[1] Arch. hosp., délibérations 1657-1673, f°s 119 r°, 120 r°, 122 r°, 139.
[2] Arch. hosp., délibérations 1657-1673, f° 28.
[3] Arch. hosp., délibérations 1657-1673, f°s 30, 168 r°.
[4] Arch. hosp., délibérations 1685-1700, f° 53 v°.
[5] Arch. hosp., livre de comptes 1486-1517, f° 91 v°.
[6] Arch. hosp., livre de comptes 1486-1517, f° 265.
[7] Arch. hosp., livre de comptes 1486-1517, f° 294.
[8] Arch. hosp., livre de comptes 1530-1535, f° 14.

On faisait suivre un régime spécial aux hospitalisés qui étaient très souffrants; l'hospitalière achetait, par ordre du bureau, « per los costosy pan, bin, carn, sucre, especias, formatge et « autras cortasias[1] »; on leur donnait, en 1532, « pan blanc » et « potatge[2] ». En 1534, le bureau payait un ardit par jour pour la nourriture des malades obligés de garder le lit[3].

Les gouverneurs avaient l'habitude, pour les grandes fêtes, à Pâques[4], à Pentecôte[5], à la Toussaint[6], à Noël[7], d'améliorer la « pitance » des pauvres de l'hôpital; on achetait pour cela « una liura e meya de carn de bœu », du lard, du pain et du vin[8]. Le mardi-gras de 1532, les pauvres furent encore mieux traités : les consuls ordonnèrent « de los crompa so quy sen siec « et primo coarto moton pesan III l. z a duas doblas liura, « VIII d^{as}; plus dus garotz de beu montan V ard., pan per los dits « paubres XXXI s. z^{ts}[9] ».

Une ordonnance d'Henri, roi de Navarre, du 14 mars 1542[10], indiquait les personnes que l'on devait admettre dans les hôpitaux; elle enjoignait « aux pélerins passans leur chemin d'aller « aux hospitaulx qu'ils trouveront sur leurs routes où ils seront « receuz et lougés une nuyct, de plus tractés par deux repastz « tant seullement et lendemain reprendront leur voye sur peine « du fouet, s'ils se trouvent faire plus loing séjourn sinon qu'ilz « feussent détenuz par maladie ou aultre raisonable empache- « ment ». Aussi les gouverneurs recevaient dans les hôpitaux de Lectoure, non seulement les pauvres de la ville, mais de nombreux étrangers. Nous y trouvons des personnes des villes voisines, de Fleurance, de Pauilhac, de Terraube, de Miradoux,

1 « Pour les soigner, pain, vin, viande, sucre, épices, fromage et autres douceurs » (Arch. hosp., livre de comptes 1486-1517, f° 39 r°).

2 Arch. hosp., livre de comptes 1531-1532, f° 33 r°.

3 Arch. hosp., livre de comptes 1532-1535, f° 27 r°.

4 Arch. hosp., livre de comptes 1531-1532, f° 40.

5 Arch. hosp., livre de comptes 1532-1535, f° 14.

6 Arch. hosp., livre de comptes 1531-1532, f° 7.

7 Arch. hosp., livre de comptes 1531-1532, f° 9 r°.

8 Arch. hosp., livre de comptes 1517-1656, f° 138 v°.

9 Arch. hosp., livre de comptes 1531-1532, f° 32 v°.

10 Arch. hosp., livre de quêtes du bassin des pauvres 1542-1638, f° 2 et suiv.

de La Romieu, de La Plume, quelquefois de pays plus éloignés, de Limoges, de Bordeaux, de Nantes[1].

A certains moments, les étrangers y sont plus nombreux que les pauvres de Lectoure. A la fin du XVIIe siècle, nous voyons les membres du bureau empêcher les passants de s'arrêter au faubourg à une auberge qui les recevait d'ordinaire « moyen- « nant une petite redevance », car la plupart sont des vagabonds qui tombent malades pendant leur séjour dans la ville et que l'on doit recevoir à l'hôpital au détriment des pauvres de Lectoure[2]. A la prière du syndic, en 1692[3], les gouverneurs décidèrent de réduire à *trente* le nombre des pauvres de l'hôpital et de *dresser des lits au séminaire pour loger les malades étrangers;* ils furent aussi d'avis de renvoyer les pauvres étrangers « dans leurs « endroits par un valet de ville avec un cheval quy luy sera « bailhé pour porter les malades estrangers lorsqu'ils seront en « estat de s'en aller, aux despans de la communauté[4] ».

L'hôpital disposait d'un très petit nombre de lits; il lui était donc fort difficile d'héberger les nombreux « hostes » qui venaient lui demander asile. On avait beau entasser plusieurs malheureux dans la même couchette, deux à la tête et deux au pied, la literie n'était pas suffisante. Pour remédier à cet inconvénient, quand l'affluence était trop grande, les gouverneurs se procuraient de la paille, ils la faisaient placer dans une salle vide de l'hôpital « affin que les pauvres cochassent dedans[5] ». En 1534, ils en achetèrent quatre charretées pour cet usage.

Un hospitalier et une hospitalière avaient la garde des hôpitaux.

L'hospitalière devait soigner les malades[6], préparer leur pitance, entretenir l'établissement, nettoyer le linge des pauvres;

[1] Arch. hosp., livre de comptes 1532-1535, f°s 43, 16 r°, 44 r°, 45, 50; Arch. hosp. 1531-1532, f° 23 r°.
[2] Arch. hosp., délibérations 1657-1672, f° 84.
[3] Arch. hosp., délibérations 1685-1700, f°s 164 v° et 165.
[4] Arch. hosp., délibérations 1685-1700, f° 193.
[5] Arch. hosp., livre de comptes 1532-1535, f° 49 r°.
[6] Arch. hosp., livre de comptes 1457-1486, f° 83.

l'hospitalier était chargé de seconder sa femme, de visiter les malades pendant la nuit; on lui donnait pour s'éclairer, lors de cette tournée nocturne, « de l'huyle de lio ou de noix[1] »; il faisait courir le bassin en ville et à la campagne; il devait « labar « las cubas e los tonetz e pipas e cubatz per las berenhas[2] »; tous deux devaient obéir aux gouverneurs.

Ils recevaient pour leurs gages, en 1477-1478, « per cascun an « VI libraus deu blat deu molin e duas canas de rosset e hun « parelh de causas e hun parelh de sabatos ». On leur donnait en 1481 « una conqua de blat pur, una conqua de mestura, hun « pipot de bin e duas canas de dus panms de rosset per fa una « rauba a l'espitalera. »

Au commencement du XVIe siècle, ils touchaient « trois escus « petits et deux canes de drap gris de Miradoux », qui coûtaient trente-cinq sous, de plus « ung parelh de sabatous et ung parelh « de causas[3] ».

En 1560, Miégeville, distributeur des pauvres, payait l'hospitalier « six escus par année[4] ». En 1594, on lui allouait « quatre « livres dix souls par moys[5] ».

Andrieu Darmaignac, hospitalier, qui avait une femme et deux enfants, ne trouvait pas ces gages suffisants; aussi il suppliait[6] les gouverneurs des hôpitaux de l'autoriser à vendre « des hardes « ramassées à grand peyne et souffrance de puanteurie qu'il a « endurées d'aulcuns quy sont décédés à l'hôpital ». L'argent de cette vente lui permettrait de vivre avec sa famille qu'il ne pouvait nourrir à cause de la cherté des vivres.

Dans certaines circonstances, l'hospitalière ne suffisait pas à servir les pauvres, elle se faisait aider par une servante, mais les faibles ressources de l'hôpital ne permettaient pas aux gouverneurs de payer cette fille; ils ne pouvaient, que pour une bien

[1] Arch. hosp., comptes de Miégeville 1558-1563, f° 20 r°.
[2] Arch. hosp., livre de comptes 1457-1486, f° 95 r°.
[3] Arch. hosp., livre de comptes 1532-1535, f°s 26 r° et 53.
[4] Arch. hosp., comptes de Miégeville 1558-1563, f° 11.
[5] Arch. hosp., 1517-1656, f° 230.
[6] Arch. mun., GG 49, liasse 123.

petite part, contribuer au payement d'une robe achetée par l'hospitalière au bourreau d'Agen : « Crompen deu borreu d'Agen « una rauba que foc de la quy escabessec per dona ha una goya « que serbis a lespitau, que costec XL ardits, e l'aspitalera ne « pagua la mytat[1] ».

Le maigre salaire de l'hospitalière lui faisait parfois manquer de courage et de dévouement pour soigner les maladies dangereuses; le bureau s'adressait alors à des personnes de bonne volonté et les récompensait[2] : « Balhem a hun companhon que « abe serbit un malau de Nadau dequy a Pascas q'era malau deu « mau de St Men que degun no lo gausaba toca que lo donem « per un sabatos IIII gros[3] ».

A la fin du XVIIe siècle, « plusieurs demoiselles des plus apparentées de la ville s'offrirent de randre l'office charitable envers « les pauvres des hôpitaux qui étoint mal soignés par l'hospitalière[4] ». Leur offre fut acceptée, et le bureau décida de leur donner douze livres pour leur permettre cette charité; on les appela les *Dames de la Miséricorde*. A partir de cette époque, l'hospitalière ne s'occupa plus de prodiguer ses soins aux malades, elle leur préparait seulement la nourriture et entretenait l'établissement.

La protection des enfants pauvres du premier âge et l'éducation des enfants assistés étaient aussi à la charge de l'hôpital. Les administrateurs recueillaient les petits orphelins sans ressources et les enfants abandonnés qui étaient « exposés » aux portes de la ville[5], aux portes de l'hôpital[6], dans l'église cathédrale Saint-

[1] « On acheta au bourreau d'Agen une robe de celle à qui il coupa la tête pour la « donner à une fille qui sert l'hôpital, l'hospitalière en paya la moitié; elle coûta qua- « rante ardits » (Arch. hosp., livre de comptes 1486-1517, f° 69).

[2] Arch. hosp., livre de comptes 1486-1517, f° 132 v°.

[3] « On donna à un compagnon qui avait soigné un malade de Noël à Pâques, qui « était atteint du mal de Saint-Men, que personne n'osait toucher, on lui donna une « paire de souliers. »

[4] Arch. hosp., délibérations 1657-1672, f° 39 v°.

[5] Arch. hosp., livre de comptes 1486-1517, f° 252 r°.

[6] Arch. hosp., livre de comptes 1531-1532, f° 24.

Gervais[1], ou dans quelque canonière des murailles[2]; ils leur procuraient une nourrice en ville, dans la juridiction ou dans les localités voisines.

Les enfants demeuraient environ un an « à la popa ». A la fin du XVe siècle, les nourrices étaient payées « cinq gros » par mois; dans le courant du XVIe siècle[3] on leur donnait dix, douze et quinze sous; au XVIIe siècle[4], leurs gages mensuels variaient entre deux et trois livres.

Quelques-unes de ces mercenaires étaient payées en nature : une de ces « remplaçantes » touche six sacs de blé, trois gros et huit ardits pour avoir donné le sein à un enfant pendant un an. En outre de leurs gages, elles avaient droit à six ardits pour acheter de l'huile; souvent on les gratifiait de quelque « librau de blé ».

(*A suivre.*)

[1] Arch. hosp., livre de comptes 1486-1517, f° 223.

[2] Arch. hosp., livre de comptes 1517-1656, f° 59.

[3] Arch. hosp., livre de comptes 1517-1656, f° 89; Arch. hosp., comptes Miégeville 1558-1563, f° 10 et suiv.

[4] Arch. mun., GG 50, liasse 128 (30 sous); Arch. hosp., délibérations 1685-1700, f° 127 r° (45 sous); Arch. hosp., délibérations 1685-1700, f° 84 r° (50 sous), et f° 186 (50 sous). Mais la nourrice rend l'enfant si on ne lui donne pas 3 livres par mois; Arch. mun., GG 50, liasses 197 et 1.657 (3 livres le mois); Arch. mun., GG 51, liasses 2, 5, 8, 1036-1038, 1653-1660 (3 livres le mois).

COMMUNICATIONS.

ÉTUDE SUR L'ASSISTANCE PUBLIQUE A LECTOURE

AUX XVe, XVIe ET XVIIe SIÈCLES

PAR LE DOCTEUR DE SARDAC.

(Fin.)

L'entretien des nourrissons et des enfants assistés incombait aussi aux administrateurs de l'hôpital. Ces messieurs achètent, en effet, « una pelha de paumelha de Maseres per una bastarda, « que costec IX gros [1] », et pour un autre nourrisson « detz pams « de rosset X gros [2] », et « dus pams de blanquet per fourra lo « corsaige X arditz ». En 1534, ils donnent deux robes à deux enfants trouvés, il fallut pour chacune « una cana de blancquet a « sieys ardits pam montan las duas canas XXIV sos », ils payèrent au « retondedor per retondre lo dit drap, VIII dines; per la fayson « de las ditas raubas e per lo fiu anneletz e foradura au sarte [3] per « chescuna dus sos e myey [4] ».

Nous trouvons aussi plusieurs « parelhs desclops [5] » achetés pour les enfants assistés.

Si parfois les orphelins de l'hôpital étaient mal tenus, le bureau avisait de suite, c'est ce qui arriva à la réunion du 1er décembre 1656. M. Ducasse, vicaire général, membre du

[1] Arch. hosp., livre de comptes 1486-1517, f° 289.
[2] Arch. hosp., livre de comptes 1486-1517, f° 327 v°.
[3] *Sarte*, tailleur.
[4] « Une canne de blanquet à six ardits le pam, 24 sous pour les deux cannes ; au ton- « deur de drap pour tondre le drap, huit deniers; pour la façon des robes, pour le fil, « anneau et doublures au tailleur, pour chaque, deux sous et demi » (Arch. hosp., livre de comptes 1532-1535, f° 33 r°).
[5] Arch. hosp., 1532-1535, f°s 48 et 50 r°.

bureau d'assistance[1], raconta « qu'il y avoict de pauvres orphelins « de ceste ville quy étoint en fort piteux estat et périssoint de « froit, moustrant leur nudditté pour n'avoir quasi rien sur eux « que de mauvais haillons ». Il proposa « de les habilher et pour « n'estre fénians de les mectre en mestier ». Le bureau fit droit à sa demande, et nomma « le sieur Ducasse, vicaire général, le « procureur du roy et les s[rs] Noguès et Dauryol, consuls, direc« teurs pour habilher les pauvres orphelins et les mectre en « aprantissage ».

Les gouverneurs veillaient de leur mieux sur leurs jeunes pupilles; ils apprennent, en 1534, qu'un nourrisson confié à « la « Boneta de Messegue » était malade, vite ils le retirent à cette femme qui « estoit prest de mourir et toute consumée », et le donnent à une autre nourrice « pource que avoit bon laict et « l'enffant estre eticquete et pour essayer si nature luy vouldroit « ayder[2] ».

Une autre fois[3], on leur annonce qu'un enfant assisté, « bastard « de Johannes lo Gros, era mallade et perdie lo pie de sistollas ». Ils appellent en hâte « mestre Blasi Seret, barbe, » et le chargent de guérir ce garçon.

Quand les enfants quittaient leurs nourrices, les membres du bureau les confiaient, moyennant salaires, à des personnes honnêtes, ou bien ils s'inquiétaient de leur donner un métier pour leur permettre de gagner leur vie. En 1561[4], les consuls passent un contrat d'apprentissage devant Me Cédilhac, notaire, avec « maistre Odet Apvril, cousturier, pour l'enfant qu'il a prins à « enseigner de son office et aux despens de l'hospital, à raison de « dix sous le mois ». En 1659[5], Paris, tailleur de Lectoure, a reçu du bureau Jean Dupin comme apprenti; cet enfant est trop jeune pour gagner sa vie, il doit continuer son apprentissage un an et demi, les gouverneurs accordent vingt livres à cet enfant pour terminer son apprentissage.

[1] Arch. hosp., délibérations 1656, f° 27 r°.
[2] Arch. hosp., livre de comptes 1532-1535, f° 47.
[3] Arch. hosp., livre de comptes 1530-1535, f° 4 r°.
[4] Arch. hosp., comptes de Miégeville 1558-1563, f° 19 r°.
[5] Arch. hosp., livre de comptes 1657-1673, f° 11 v°.

Ces jeunes apprentis n'étaient pas sans surveillance : les consuls s'informaient de leur conduite et les enlevaient de chez leur patron s'ils le jugeaient nécessaire.

Un garçon, placé chez Lassance, maître tailleur[1], est retiré, car « Lasance n'a pas besoigne pour l'ocuper », et l'enfant perd son temps; on le place immédiatement chez un autre maître tailleur.

Nous venons de voir que l'hôpital payait de ses deniers la nourriture, l'entretien et l'apprentissage des enfants abandonnés; mais si, par hasard, il découvrait les parents de ses pupilles, il se retournait contre eux et les actionnait en restitution. En 1668[2], l'hôpital avait donné à « nourrir de layt » un bâtard, à raison de « trente-sept sols six deniers » par mois. Un nommé Rison, cordonnier, était accusé d'être le père de cet enfant; une instruction avait été ouverte contre lui, le bureau décida de continuer les secours à l'enfant et de se faire rembourser par Rison, s'il était reconnu coupable.

A côté de l'hôpital nous avons aujourd'hui le bureau de bienfaisance qui vient en aide aux malheureux, les secourt à domicile, veille à leur subsistance et leur procure les soins médicaux nécessaires en cas de maladie. Au XVIe siècle, dès la création du bureau des pauvres, nous trouvons une institution analogue, vivant d'une vie autonome et complètement indépendante des hôpitaux.

C'est le bureau des pauvres qui en a la direction, ce sont les consuls qui sont chargés de l'administration de cette œuvre charitable.

Les ressources proviennent de legs, d'amendes et surtout du bassin courant. L'ordonnance[3] d'Henri de Navarre, de 1542, portait que « chasque sepmaine seroient eslus deux personnages « de bonne réputation et loyaulté qui iroient par la bille quester « pour les pauvres »; ils devaient « se trouver, les jours de « dimanche et aultres fêtes et aultres assemblées, aux portes des

[1] Arch. hosp., registre des records 1685-1700, f° 155 v°.
[2] Arch. hosp., délibérations 1657-1673.
[3] Arch. hosp., registre du bassin des pauvres, 1543-1648, f° 4.

« esglizes et couventz portans bassins ou tasses pour reculhir les « aulmognes que les bonnes gens leur donaront ». L'un d'eux, « durant la messe parrochialle », était obligé « d'aller parmy le « peuble demandant laulmogne pour les pauvres ». Si les semainiers étaient absents, ils étaient tenus d'envoyer leur femme, leur fille ou leur plus proche parent « pour faire cette queste ».

Les porteurs du bassin ne devaient retirer ni salaire ni profit de cette charge à laquelle ils ne pouvaient se soustraire; en cas de refus d'accomplir cette mission, ils étaient condamnés à cent sous d'amende, applicables aux pauvres.

A la fin de la semaine, les quêteurs avertissaient les personnes désignées pour les remplacer la semaine suivante, et rendaient compte de leurs recettes aux membres du bureau.

Les refus de porter le bassin furent rares; en 1601 [1], Guilhem Lucàs, conseiller à la sénéchaussée, ne voulut pas se soumettre à cette loi et fit défendre aux consuls, par la cour du sénéchal, de le charger de cette quête. Les consuls, sans respect pour l'ordonnance de ce magistrat et forts de la décision du bureau des pauvres de cette même année par laquelle « toutes personnes, « sans aulcune différence ni distinction, doibvront porter suyvant « leur tour le bassin et, en cas de refus, seront condampnés à une « amande », arrêt qui est sans appel, obligèrent le conseiller Lucas à remplir sa fonction et lui infligèrent l'amende méritée.

L'ordonnance royale ne réclamait que deux porteurs du bassin, le bureau préféra, pour éviter toute contestation [2], nommer quatre quêteurs, choisis deux dans la paroisse de Saint-Gervais et deux dans la paroisse du Saint-Esprit.

Les secours étaient ordinairement distribués le samedi, devant la porte de l'hôpital ou à domicile. Dans quelques circonstances, le bureau chargeait certaines personnes de porter discrètement une obole à des pauvres honteux [3]; les dames de la Miséricorde recevaient d'ordinaire la mission de faire ces distributions à cette intéressante catégorie de nécessiteux.

[1] Arch. mun., registre des délibérations, BB 5, record du 9 juin 1601.
[2] Arch. hosp., registre du bassin des pauvres, 1542-1648, f° 6.
[3] Arch. hosp., registre des délibérations, 1657-1672, f° 49.

Le plus souvent ces aumônes étaient faites en argent, rarement en nature; les pauvres inscrits sur les *rôles d'assistance* bénéficiaient seuls des distributions ordinaires. Ces rôles étaient établis chaque année après enquête domiciliaire; les délégués du bureau chargés de dresser la liste des malheureux à secourir [1] visitaient les indigents, inventoriaient leur mobilier, s'inquiétaient de leurs moyens d'existence, des charges qu'ils avaient, des secours qu'ils pouvaient recevoir de la charité privée. Après ces minutieuses recherches, ils proposaient d'inscrire les indigents sur le rôle des assistés; le bureau examinait les cas et décidait, en dernier ressort, de l'opportunité de l'inscription.

Ces enquêtes étaient faites à la ville et à la campagne. « Pour « la rescherche des peauvres de 1595 [2], les consuls dépensèrent « la somme de un escu sol pour le louaige des chevaulx de Jehan « Capdenac pour aller dehors la bille »; la vérification du rôle des pauvres de 1622 coûta « dix liures » aux consuls [3], ils dépensèrent cet argent « pendant quatre jours quils ont bacqué à « bérifier les pobretés de la juridiction comprins le louaige de « leurs chevaux et de celui d'Estienne Gillis leur trézorier ».

On avait coutume de dresser ces listes d'assistance pour un an [4]; souvent, au mois de juin, à la belle saison, bon nombre de malheureux pouvaient aller mendier ou faire quelques petits travaux, on les rayait aussitôt du rôle des pauvres « pour ce que « ce sont trober avoir de quoy [5] ».

Nous les retrouvons à la suite d'une maladie ou de toute autre infortune suppliant le bureau de les inscrire de nouveau sur le rôle des pauvres; inutile d'ajouter que ces nouvelles inscriptions nécessitaient de nouvelles enquêtes. Les pauvres étaient obligés de fournir des certificats de maladie délivrés par des médecins [6], des attestations d'extrême misère données par les consuls [7], par

[1] Arch. hosp., cahier de 1653, liste des assistés, f°s 1 et suiv^ts.
[2] Arch. mun., GG 49, liasse 117.
[3] Arch. mun., CC 57, liasse 6.
[4] Arch. mun., GG 50, liasse 123.
[5] Arch. mun., GG 51, liasse 1266.
[6] Arch. mun., GG 51, liasses 574, 482, 908, 914, 1692.
[7] Arch. mun., GG 50, liasse 11.

les curés des paroisses [1] ou par les plus proches voisins [2]. Certaines fois les certificats et les attestations n'étaient pas suffisants, on obligeait les malheureux à se présenter devant les membres du bureau le jour de la distribution, « pour veoir au visaige des « peauvres quels sont les vrays necessiteux [3] ».

Dans des cas d'extrême urgence, les consuls avaient le droit d'inscrire provisoirement un indigent sur le rôle d'assistance, mais le bureau devait ratifier l'inscription à sa première réunion [4].

On n'inscrivait sur les listes *ordinaires* [5] d'assistance que les vieux, les infirmes, les malades, les jeunes enfants incapables de travailler et les gens qui se trouvaient dans l'impossibilité de gagner leur vie.

Aux XVIe et XVIIe siècles, les guerres religieuses avaient ruiné le pays, des épidémies nombreuses et meurtrières avaient frappé la Gascogne. Lectoure ne fut pas épargné, les malheureux y étaient légions et c'est par milliers que l'on y comptait les pauvres. « En 1572 [6], année de stérilité universelle et de grande « misère, on constata après recherches qu'il y avait en la présente « ville et juridiction deux mille et tant de pauvres » ; ils étaient plus de onze cents en 1644 [7] ; lors du recensement de la population de Lectoure, en mars 1695 [8], « les pauvres mandians étaient « au nombre de mille cent quatre-vingt-sept ».

Les consuls, inquiets de cette misère et ne pouvant venir en aide à tous les indigents avec les ressources du bureau, décidèrent, le 14 avril 1580 [9], de s'entendre avec messieurs du Chapitre pour « fere ung rolle extraordinaire des pouvres valides aux fins « estre distribués et despartis tant audict chappitre que habitans « de la présente ville ».

[1] Arch. mun., GG 51, liasses 479, 817, 867, 881, 883, 886, 1007.
[2] Arch. mun., GG 50, liasse 67 ; GG 49, liasse 55.
[3] Arch. hosp., registre 1657-1672, f° 36 r° (13 janvier 1662).
[4] Arch. hosp., registre 1630-1643 (28 mars).
[5] Arch. hosp., liste d'assistance 1563. Liasse 19, f° 14 r°.
[6] Arch. hosp., registre, 1541-1619, f° 56 v°.
[7] Arch. mun., BB 6, délibérations, f° 360 r°.
[8] Arch. mun., BB 23, recensement de la population de Lectoure, 1695.
[9] Arch. mun., BB 4, délibérations, f° 32 v°.

La communauté[1] se rangea à cet avis, on dressa sur le champ le *rôle extraordinaire* des malheureux qui furent répartis suivant la position de fortune des personnes chargées de les secourir.

Le conseiller du roi « Jehan Percin[2] » prit à sa charge *dix enfants* pauvres; un riche bourgeois, « Jehan Céré[3], » dut subvenir à l'entretien de *dix-huit* malheureux; on en donna *vingt-quatre* à « Monseigneur de Pouysségur[4] »; *quatorze* à « Monsieur

[1] Arch. mun., GG 49, liasse.

[2] Cette famille est venue à Lectoure après le siège. Le 30 avril 1504, Jehan Faydin recoit le testament de Johan de Percin, marchand et habitant de Lectoure. A cette date, il est grand-père, il laisse un legs à « Johannes de Monte nepoti suo et filio « Bernardœ de Persino, quondam ejus filiæ »; il a une autre fille Longuette de Percin, mariée avec Bernard de Lautrec, sieur d'Oignax (minutes Boali, 1563, f° 62), et deux fils Bernard et Jehan. L'un d'eux devait être le père des trois Percin : Jehan, autre Jehan, conseiller du Roy, et Bertrand de Percin, secrétaire du Roy (Arch. mun., min. Boali, f° 169 et 170; 1563). Bertrand habitait au quartier de Corhaut (CC 13, f° 37, terrier 1557). — En 1555, Jehan Percin avait onze métairies, il était seigneur de Boulouch. Un fils achète la seigneurie de Montgaillard, dans le Tarn-et-Garonne (note de M. Descamps). En 1579-80, Jehan Percin était taxé 7 livres 15 sols 1 denier tournois pour la taille (Arch. mun., CC 35, f° 10).

Cette famille disparaît de Lectoure dans le courant du XVIIe siècle.

Aux archives nous avons (ii 29) un registre intitulé : « Cahier contenant des baux « et reconnoissances a loquatarie perpétuelle et féodales pour sire Jean de Percin, « seigneur de Bouloys et noble Marguerite de La Viguerie, mariés ». En 1545, Jean Percin écrit la note suivante dans son registre : « Je fais de taille simple 14 livres « 9 deniers 1/2; mon frère le conseiller, 4 livres 2 sols 8 deniers; mon frère le secré- « taire, 2 livres 10 sols 10 deniers ».

[3] Jehan Céré ou Séré, fils de Miqueu Céré, « agulhate », était marié à Françoise de Bordis; il décéda le 13 septembre 1587; il eut un fils Charles qui fut le capitaine Céré et trois filles, Géraude, Jeanne et Marguerite. Cette dernière épousa Marcous, capitaine du chateau de Lectoure. Guiraude se maria avec Despés; devenue veuve, elle épousa en secondes noces de Barrau, seigneur de Parron. Céré possédait de nombreuses terres, les métaires de Naudet, Pradolin, Bazets, Ramonas, Espitau, Ricarde, une bordette au Perboscq, Gravette, Cardeilhan, Tané, le Ducat, un moulin sur l'Esquerre, les salles de Lacassagne, Brescon, Cané, les métairies de Capsec dans l'Isle-Bouzon, de Périssé dans Terraube, de Bardigues dans le Castéra-Lectourois.

Françoise de Bordis a laissé un livre de raison (Arch. mun., ii 17, 1587-1595) commençant le jour de la mort de son mari, livre fort curieux où elle nous dit que cette année 1587 elle fournit cent trente-huit sacs de blé de semence aux diverses métairies; ce chiffre nous prouve que la famille Céré possédait une immense fortune terrienne.

[4] Joseph de Castanet, seigneur de Puységur, était le fils aîné de Nicolas de Castanet, marchand, originaire de Miradoux, venu à Lectoure vers 1506. « Nicholau Castanet, marchand de ladite ville » (Arch. mun., CC 22, 1518-1519, f° 77), acheta la seigneurie de Puységur. Joseph mourut en 1591; Bernard, deuxième fils de Nicolas, connu jusque-là

« Bonnot [1] »; *six* à « Monsieur Bourrolhan [2], seigneur de Bar- « terre »; *six* à « Monsieur de Barrast [3] »; *six* à « Monsieur de « Pordéac [4] »; *six* à « Monsieur Albinhac [5], juge-mage »; tandis

sous le nom de Bernard de Castanet, sieur de Campségue (aujourd'hui Brimont), prit le titre de Puységur (min. Baraignes, 1592, f° 269); il possédait Ayné et Lacopette (min. Boali, 1563, f° 120); il hérita de Joseph en vertu de la substitution de Nicolas (min. Martin. 1597, f° 221), il avait épousé Marguerite de Pins.

Joseph possédait les salles de Mirails (f° 123 v°), et de Pitrac (f° 133 v°), les métairies de Sainte-Mère (f° 109) près de Crabé, de Malus (f° 144) (min. Boali, 1552, f° 123 v°, 133 v°, 109, 144 et autres biens à Miradoux (min. Boali 1563 (f° 12) et à Gimbréde (min. Du Luc, 1554-1555, f° 13 v°). Il payait 13 livres 6 sols 7 deniers de taille simple (Arch. mun., CC 35, f° 29).

Les minutes de Martin, de Baraignes, du Luc sont dans l'étude de Me Boué du Boislong, à Lectoure (note de M. Descamps).

[1] Sanx de Bonot, sieur d'Aurignac, était fils de sire François de Bonot, seigneur de la Salle d'Aurignac, et de Cécile du Pred. Sanx était conseiller au Parlement de Toulouse; il possédait une grande partie du moulin de Repassac; il la tenait de son père, qui l'avait achetée en 1552 à noble Bernard de Castanet, sieur de Campségue. Cette part était arrentée par an à « quatre-vingt-trois sacs un livral et cinq boisseaux « de granaige les deux parties bled et la tierce partie mixture... franche quicte et « noble icelle quotité de tous fiefs rentes... sauf la taille au roy et deux sacs bled « payables annuellement l'un au chapitre l'autre aux frères prêcheurs » (min. Boali, 1552, f° 54).

[2] Noble Jean-Jacques de Borroilhan ou Borrolhan se marie avec Anne Délas, le 13 janvier 1570, fille de feu noble Francoys Délas, seigneur de Lamothe et de Barthère, et de Jeanne de Gélas. Anne Délas était veuve de noble Bertrand de Biran, seigneur de Lamothe-Pellegrue ou Goas (ii 16, liasse 3. Arch. mun.). — On donne à Anne, entre autres biens, « la maison appelée de Barthère et les biens en despendens ». (Arch. mun., II 16, liasse 4.)

[3] François de Castanet, troisième fils de Nicolas de Castanet, possédait les métairies de Barrast et de Pomarède (min. Boali, 1552, f° 150; min. du Luc, 1556-1557, f° 7 v°). Il payait 4 livres 11 sols 2 deniers de taille (Arch. mun., CC 35, f° 29).

[4] M. de Pordéac habitait dans le quartier de Reilhas; sa maison fut achetéé par la ville, pour y construire la halle publique (Arch. mun., CC 3, terrier 1557, et BB 4). Elle se trouvait « bis et bis la maison commune de ladicte cité de Lectoure » (Min. Boali, 1552, f° 242).

[5] Blaise Quinhart, sieur d'Albinhac, d'Assier, du Castéron (Min. Baraignes, 1595, f° 159), juge-mage d'Armagnac, épouse Marie d'Aulin. Il achète aux héritiers de Bertrand de Aulino (d'Aulin) une maison « sive tour en Guilhem Bertrand ». Cette tour existe encore aujourd'hui, c'est la tour de l'*hôtel de l'Europe*. Blaise Quinhart arrente à Anthoine Langlade le revenu du *Punherat*, du « molyn nau », sis en Lectoure, près du moulin de Saint-Giny, pour cent vingt-deux sacs et demi de blé, réserve faite des droits d'un huitième qui appartiendrait au prieur de Saint-Giny; de plus, Langlade devait moudre sans « punherat » les farines dont Quinhart et Jehan Percin avaient besoin

que des artisans comme « Labarthe[1], mangonnier, Marrast[2], « armurier, Mathiu Mallus, cordonnier », n'avaient qu'*un seul* pauvre à entretenir.

Ces taxes *extraordinaires*, qui frappaient dans les années de nécessité les habitants aisés, les membres du chapitre, les bénéficiers et même l'évêque de Lectoure, n'étaient pas toujours acceptées sans murmures; en cas de contestations, le Parlement de Toulouse devait régler le différend.

En 1583, Monsieur Jehan de Lary[3], seigneur de Latour, avait trouvé excessive la taxe dont il était imposé. Il prétendait que la métairie de Corneilh[4], la seule terre qu'il possédait dans la juridiction de Lectoure, était « peu importante et sans maison d'ha« bitation », et il refusa de payer la taxe. Le syndic de la ville l'appela devant le sénéchal d'Armagnac qui le condamna à « cinq « escu desmande »..

Le 19 novembre 1583, M. de Lary en référa au Parlement. Ayant fait défaut le 9 mars 1584, jour de l'audience, il fut de nouveau condamné. Un sergent royal de Lectoure, Jehan Miégeville, alla signifier l'arrêt du Parlement au métayer de Corneilh et l'afficha à la porte de la maison (24 mars 1584).

Les consuls eurent fréquemment des difficultés pour ces taxes

pour l'entretien de leurs maisons (Min. Boali, 1563, f° 73 v°). Ce moulin appartenait à Jehan Percin et Blaise Quinhart.

Noble Blaise Quinhart payait 5 livres 1 sol 2 deniers de tailhe simple (Arch. mun., CC 35, 1579-1580, f° 30 r°). Il avait un fils, Anthoine de Quinhart, sieur d'Estabel (min., Bégué, 1593, f° 32 r°; min. Baraignes, 1593, f° 1), qui avait borde au Mirailh, salle à Laran et borde (CC 7, terrier 1612).

[1] Labarthe, mangonnier, payait en 1579-1580, de tailhe simple, 5 sols 1 denier tournois (Arch. mun., CC 35, f° 31).

[2] Marrast, armurier, payait 4 sols 7 deniers tournois de tailhe simple (Arch. mun., CC 35, f° 30). Pierre de Marrast, armurier, fils de Jehan, cordonnier, dit Moro, de Lectoure, épouse Longuete Soquaret, fille de Arnaud, de Miradoux. On donne « une roube « drap noir de Paris doblée de taffetas, une gounelle rouge de Paris, aultre gounelle « gris granée manchons de taffetas... une couverte de Thoulouse jusques à la valeur de « 50 sous... ung coffre honneste ferré jusques à la clef inclusivement » (Min. Du Luc, 29 juin 1563 au 1er juin 1563, f° 105, étude Me du Boislong).

[3] Arch. mun., FF 25, liasse 42.

[4] Cette métairie, située à l'extrémité sud de la commune de Lectoure, près du hameau d'Aurenque, appartient encore de nos jours à la famille de Lary.

avec les « bénéfficiers du clergé prenant fruicts en la présante « ville et juridiction[1] ». Le Parlement avait fixé leur cotisation dans ces taxes extraordinaires « à la sixième partie des fruicts de « leurs bénéfices, distraction faite des dîmes et deniers royaux, « ce qui revenait à la neuvième partie des bénéfices[2] ». Ces messieurs, soutenus par l'évêque[3] qui malgré les prières du bureau refusait de les taxer, cherchaient mille raisons pour ne pas acquitter leurs dettes : le rôle extraordinaire des pauvres était mal fait, plusieurs indigents inscrits sur les listes pouvaient gagner leur vie; ils se plaignaient, en outre, que l'on ne tenait nul compte des aumônes qu'ils distribuaient en leur particulier[4].

Les membres du chapitre de Saint-Gervais[5] demandèrent à leur tour d'être exemptés de ces cotisations extraordinaires, ils s'adressèrent au Parlement qui les obligea de contribuer à l'entretien des pauvres comme le reste des habitants.

Certaines années le bureau se trouva en délicatesse avec l'évêque pour ce même sujet.

En 1646[6], M. de Lussy, consul, avait annoncé à la communauté que la distribution hebdomadaire était insuffisante à cause du grand nombre de pauvres. L'assemblée chargea « les consuls « d'aller au logis de monseigneur l'évêque pour le supplier très « humblement vu la presante et urgente necessitté qu'il y a de « donner quelque secours ausdits pauvres suyvant la coutume « entel cas et quy comanssent desja de perir de faim de bouloir « se taxer soy meme et taxer les benefficiers ».

L'évêque éluda la question et leur demanda de faire un nouveau rôle des pauvres. Après plusieurs visites à l'évêché, monsieur de Lectoure renvoya les consuls avec une ordonnance qu'ils jugèrent « injurieuse à la qualitté et authoritté de la charge « consulaire », et une taxe dérisoire pour les bénéficiers, person-

[1] Arch. mun., BB 5, f°s 129 et 631. — BB 6, f° 360 r°.
[2] Arch. hosp., 1545-1619, f° 56 v°.
[3] Arch. mun., BB 5, f° 603 v°.
[4] Arch. mun., GG 22, liasse 23.
[5] Arch. mun., BB 5, f° 607.
[6] Arch. mun., BB 6, f°s 431 et suiv.

nellement il ne voulut rien payer. Il prenait cependant dans la juridiction de Lectoure « deux mille quatre cens livres de revenu, « plusieurs barricques de vin, plusieurs sacs davoyne, plusieurs « paires de volaille et une grande provition de foin y ayant de « beaux preds et dune longue estandue[1] ».

Tous les nécessiteux n'étaient pas inscrits sur le rôle ordinaire des pauvres; ceux qui n'étaient point assistés adressaient des *suppliques* aux consuls ou aux membres du bureau pour obtenir un secours à cause de leur maladie, de leur vieillesse ou de leurs infirmités. Jusqu'à la fin du XVIIe siècle[2], ces suppliques furent rédigées sur papier timbré; à cette époque on décida qu'à « l'ave« nir les requêtes se feroint sur papier commun puisque cétoit « une fascon de demander lausmone ». Elles étaient l'objet d'un examen sérieux, deux membres du bureau recherchaient si le dire du suppliant était exact, si sa pauvreté était réelle, et si le suppliant était malade ou impotent, des médecins devaient certifier la maladie ou l'infirmité.

Après cette enquête le distributeur des pauvres proposait au bureau d'accorder un secours *temporaire* ou *permanent* à l'auteur de la supplique. A la première réunion, les membres du bureau examinaient à nouveau le cas et approuvaient la demande ou la rejetaient, ils étaient souverains juges.

Le plus souvent les secours étaient donnés en argent, d'autres fois on distribuait du pain, des habits, du bois; on accordait aussi les soins médicaux et les médicaments nécessaires aux pauvres malades[3].

Il nous a paru intéressant de donner quelques exemples de ces suppliques, nous avons choisi les plus curieuses.

« Guilhaume Lapierre, ingénieur, est un jeune homme natif de « Lectoure, qui na pas de comodittés et a beaucoup de savoir « grâce à son esprit et à son savoir, il est appelé dans la ville de

[1] Arch. mun., BB 6, f° 437 v°.
[2] Arch. hosp., 1685-1700, f° 114.
[3] Arch. mun., GG 50, liasse 143.

« Paris auprès dun Grand ce quy peut faire que sa science le peut « porter à un employ magnifique, mais il se trouve mal habillé « pour faire son voyage ce quy pourrait lui nuire pour sa situa- « tion et il supplie le bureau de vouloir lui donner quelque chose « pour sachepter un *habit*. Le bureau délibère et décide de lui « accorder douze livres pour l'achat de cet habit [1]. »

Une autre fois c'est Arnaud Laporte [2] qui supplie : il a eu sa maison brûlée et a été obligé « de se réfugier pendant plusieurs « jours sous un arbre sur un fais de restouble avec sa femme et « ses trois enfants ». Il demande d'être déchargé de la taille et prie les consuls de lui donner « quelque chevron et quelque « poultres des bois de la ville ».

Un malheureux, « Laurensan, antien bourgeois de Lectoure [3] », n'a pas de quoi ensemencer sa métairie, il a été grêlé pendant deux ans, sa femme et ses enfants sont malades « de fleus du « sang »; il prie le bureau de lui prêter le blé pour faire les semailles, « il obligera sa récolte prochaine au profit des peau- « vres ». On écoute sa prière et on lui accorde « des grains « jusqua soixante liures pour la semance, à condition que Lau- « rentan engage et hypothèque sa récolte en faveur de l'hôpital ».

Le 20 juillet 1582, « Bernard Borde, bracier, demurant à « Laguilhan, juridiction de Lectoure », expose que sa fille « feust « mordeue de un chien enragé le 15 juillet, et atandeue sa misère « et qu'il luy est necessaire de la mener à la mer, desireroit un « secours des deniers des peauvres pour faire le voyage [4] ».

Le 2 mai 1670, « Françoise Rousin, chargée denfans, peauvre « fanme du hameau des Vignes, a esté mordeue despuis hier dun « chien enragé quy est à la porte de lhospital, demande au « bureau de luy accorder de quoy aller à la mer pour esviter le « danger où elle est [5] ».

Une femme, atteinte de rhumatismes, demande « un peu dar-

[1] Arch. mun., GG 51, liasse 312.
[2] Arch. mun., GG 50, liasse 129.
[3] Arch. hosp., 1685-1700, f° 239.
[4] Arch. mun., GG 51, liasse 289.
[5] Arch. hosp., registre 1657-1673.

« gant pour aller aux bains de Bagnères, ne pouvant y aller sans « la charitté du bureau[1] ».

Bertrand Rande[2], « mestre tailheur de Lectoure, détenu malade « de la galle despuis sept mois, dans l'impossibilité de travailler « de son métier pour gagner sa vie et celle de sa famille, et ne « pouvant accomplir un vœu qu'il a faict à saincte Raffine[3] pour « guerir de la dicte galle, demande un secours pour faire un « pélerinage ».

Matalin avait été excommunié et avait besoin d'aller à Rome, « per ana serca unas perdonensas e ana de quy a Florensa la « Gran[4] ».

Le bureau fait un excellent accueil à toutes ces requêtes.

En 1690[5], « M. Guilhon, curé de Saint-Giny[6] », a dans sa paroisse une fille nommée « Marie Peylabère de Marque », qui veut se marier avec « Raymond de Lacostère; elle na pas de « quoy se faire un lit, cest pourquoy a manque de ce y pouvait « arriver des inconveniants; il supplie le bureau de lui donner « quelque chose pour se marier ». Celui-ci fut compatissant pour ces fiancés et accorda à « la fille Peylabère douze livres pour un « lit et afin quelle puisse se colloquer en mariage avec ledict « Raymond de Lacostère ».

Nous trouvons parmi les suppliants de nombreux hospitalisés qui n'ont pas de quoi vivre à l'hôpital où ils meurent de faim; c'est « Jehanne Daubiest[7], pauvre femme veuve, malade jusques « à la mort dans lospital de ladicte ville ou elle périst de faim et « de misère », qui demande un peu d'argent; c'est « Jane « Castets[8] dicté la Mourane, pauvre vieille logée à lospital », qui implore « un secours pour son entretien ».

[1] Arch. hosp., registre 1685-1700, f° 23.
[2] Arch. mun., GG 50, liasse 66.
[3] Sainte-Raffine se trouvait dans l'ancien diocèse de Condom, à côté de Lialores.
[4] Arch. hosp., registre 1486-1517, f° 26 r°.
[5] Arch. hosp., registre 1685-1700, f° 129 r°.
[6] Saint-Giny ou Saint-Gény, ancienne paroisse de Lectoure, dont l'église existe encore; elle est située au bas de la côte de Lectoure, sur les bords de la route d'Auch à Lectoure, sur l'emplacement d'une ancienne abbaye.
[7] Arch. mun., GG 49, liasses 43 et 69.
[8] Arch. mun., GG 50, liasses 73 et 100.

Ce sont surtout les malades[1], les infirmes[2], les vieillards qui adressent des requêtes.

En 1682, le bureau vient en aide à plusieurs octogénaires et à un vieillard de cent deux ans.

« Le 7 février 1682[3], Guiraude Gausie, demurant au hameau, « apelle au Petit juridiction de la presante ville expose quel a « son mary dans la derniere extremite de misere depuis long- « temps ne pouvant ce bouger a cause de sa veillesse qui est de « *cent deux ans* la suppliante estant aussi eagee de quatre vingts « ans sans rien au monde demande un secours. »

On lui accorde une somme de dix sous par mois pour elle et son mari; ce secours lui est continué pendant trois ans[4].

En 1687 on assiste huit octogénaires, cinq nonagénaires et un vieux de cent quinze ans dont voici la requête[5] :

« Supplient humblement Jean Darribeau, Marie Deurat, pau- « vres misérables, habitans de Saint-Germain[6], juridiction de la « presant ville, incapables de se gaigner leur vie, agés, Darri- « beau de *cent quinze ans*, et la dicte Deurat agée de huictante « ans ou environs, ne possedant nuls biens. » Ils demandent qu'on leur donne « des deniers des pauvres pour leur nourriture « et entretien lesquels prieront Dieu pour vos santés et prospe- « rittés. Ducasse, chapelain mage, atteste la pauvreté des dicts « supliants et quils ne peuvent pas aller mandier. Depetit, jurat, « atteste la vieillesse et pauvreté; Duret atteste. Moussaron, « consul, alloue quinze sous aus supliants, le 15 mai 1687 ».

En 1688 le bureau secourait quatorze octogénaires et quatre nonagénaires, il leur donnait quinze sous par mois.

Les pauvres de la ville et de la campagne n'étaient pas les seuls

[1] Arch. mun., GG 50, liasse 117.
[2] Arch. mun., GG 50, liasse 180.
[3] Arch. mun., GG 51, liasse 120.
[4] Arch. mun., GG 51, liasses 446 et 515.
[5] Arch. mun., GG 51, liasse 571.
[6] Ancienne paroisse de Lectoure, à l'est de la ville; l'église de Saint-Germain se trouvait près du ruisseau de l'Esquerre, entre les routes de Lectoure à Saint-Clar et de Lectoure à Plieux, sur les bords de l'ancien chemin de Layrac à Aurenque.

à être secourus : les *étrangers*, les *passants* recevaient aussi de nombreuses aumônes.

Nous voyons des personnes du Bordelais [1], du Poitou [2], de l'Artois [3], de la Picardie [4], des Flandres [5], de la Suisse [6], de l'Espagne [7], des Anglais [8], des Irlandais [9] se réfugier à Lectoure et implorer la charité du bureau.

« Patrice de Carolan [10], né à Drokeda, en Irlande », a fui son pays « pour esviter la persécution quy est faite par les Anglois « contre la religion catholique apostolique romaine et se conser« ver en la religion et afin de continuer ses études il cest rendeu « en la presant ville despuis environ quinze jours (15 décembre « 1667), mais ne pouvant y subcister a moins destre acisté dune « subvention necessaire, estant sans ressources et mourant de « faim », il demande quelque argent des deniers des pauvres.

Le bureau écoute sa requête; il lui alloue trois livres par mois pendant un an, de plus il lui permet d'entrer au collège où il suit les cours de rhétorique. On le secourt pendant plusieurs années, il peut ainsi terminer son éducation. A la fin de ses études, il entre dans le sacerdoce, mais sa misère est encore si grande qu'il ne peut s'acheter « une soutane et un long man« teau ». Le bureau lui vient une dernière fois en aide, il lui accorde douze écus pour cet achat, mais il décide qu'à l'avenir les Irlandais ne seraient plus secourus.

Ordinairement les étrangers ne faisaient que traverser la ville, on leur distribuait aux portes de la cité un peu de pain ou quelque menue monnaie : c'était le *droit de passade* [11]; les

[1] Arch. mun., GG 51, liasse 89. On donne « a un Bordelois blessé d'un coup de « mousquet pour s'en retourner a sa patrie dix sols ».

[2] Arch. mun., GG 50, liasse 28.

[3] Arch. mun., GG 50, liasse 134.

[4] Arch. mun., GG 50, liasse 74.

[5] Arch. mun., GG 51, liasse 225.

[6] Arch. mun., GG 51, liasse 214.

[7] Arch. mun., GG 51, liasse 15.

[8] Arch. mun., GG 50, liasse 130. — GG 51, liasse 60.

[9] Arch. mun., GG 51, liasse 53.

[10] Arch. hosp., registre 1657-1673, f° 68 r°; f° 106; f°s 120 et 121.

[11] Arch. hosp., registre 1657-1673, f° 79.

portiers de la ville étaient chargés de faire ces distributions.

Le bureau secourait ainsi des soldats blessés[1], des officiers sans ressources[2], des prêtres sans asile[3], des gentilshommes ruinés qui imploraient quelques sous pour pouvoir continuer leur route[4].

Certaines années les étrangers étaient très nombreux, ils ne se contentaient pas de traverser la ville, comme « les ordonnances « royaux » leur prescrivaient : ils séjournaient plusieurs jours dans la cité, mendiaient dans les rues, logeant en ville ou au faubourg.

En 1669[5], le bureau fut obligé de prier les consuls de veiller à ce que « les passants ne soient logés quune nuit au faulbourg et « nullement en ville ». La communauté établit des gardiens aux portes pour empêcher leur entrée; si des étrangers désiraient avoir *la passade*, les portiers avaient ordre de les conduire aux consuls et ensuite de leur faire quitter la ville. Si quelque passant s'introduisait dans Lectoure, le premier valet de ville était chargé de s'en emparer et de l'amener au dehors après lui avoir demandé par quelle porte il était entré. Le portier qui avait laissé pénétrer le passant était condamné par le bureau à une amende qui servait de récompense au valet de ville.

Souvent le bureau fut contraint d'éloigner les étrangers qui « absorbaient les revenus des pauvres et fatiguaient la charité « privée »; jamais il ne leur refusa le secours nécessaire pour poursuivre leur chemin[6].

[1] « Mandement de Jolies, consul. On donnera a George Molin, soldat de l'armée, « estropié de sa jambe gauche, quy passe, 8 sous » (Arch. mun., GG 50, liasse 16). — « Duprat, trésorier des pauvres, donne à Claude Derey et Jean Estève, pauvres mari- « niers estropiés sur mer par larmée des Turcs estant au service de Sa Majesté sous le « commandement de M. Duquesne, 10 sols 6 deniers » (Arch. mun., GG 51, f° 292).

[2] « Fargue, gentilhomme parisien, cy-devant lieutenant de la compagnie de Bailli « au régiment de Lignières, reçoit 15 sols pour passer son chemin, car il est sans res- « sources » (Arch. mun., GG 51, liasse 58).

[3] « Mandement de Jolies, consul. On donnera à un pauvre prêtre passant, 8 sous » (Arch. mun., GG 50, liasse 21).

[4] Arch. mun., GG 51, liasse 121.

[5] Arch. hosp., registre 1657-1673, f°s 84 et 85 r°.

[6] Arch. hosp., registre 1674-1742 (3 mars 1677).

Dès le xve siècle, les consuls avaient organisé l'assistance médicale gratuite. Nous les voyons en 1492 accorder quelque argent à un médecin *que abe demorat en la vila de consentament de totz, a causa de lempedemia que regnava et que demandaba dus ho tres francs per vioure* [1].

La communauté payait de ses deniers le médecin des pauvres; chaque année, dans les comptes consulaires, parmi les dépenses ordinaires figure un chapitre spécial pour les honoraires de ce médecin. Ils sont bien modiques au début puisque Paul Lopez [2], chargé de cette fonction en 1503, est simplement *quietat de sa talha per los gradables services que abe feyt a la bila e per so que*

[1] P. DRUILHET, *Archives de la ville de Lectoure*, fascicule neuvième des *Archives historiques de la Gascogne*, p. 182.

[2] Paul Lopez est Espagnol, il vient à Lectoure où il épouse Melha de Boquet, appartenant à une famille des plus honorables et des plus riches de la ville. Il hérite de sa femme et probablement de l'oncle de cette dernière, Jacques Abonsiti, notaire, dont il possède tout le tènement au terrier de 1501. Il se remarie avec Suzanne de Mauléon, de la famille de Mauléon, habitant la salle de Cazaubon (aujourd'hui Mauléon). Il fait son testament le 28 septembre 1515, dans son château de Magnas, *apud aulam ipsius testatoris infra scripti vulgariter nuncupatam de Magnas*. Il laisse ses biens de France à sa femme Suzanne de Mauléon, si elle n'a pas d'enfants au moment de son décès, il lègue sa métairie du Castanh, au delà du Gers (probablement *meste Pau*, maître Paul, actuel), aux plus proches parents de sa première femme Melha de Boquet.

Si sa femme n'a pas d'enfants d'un second mariage à sa mort, ses biens seront affectés à des œuvres pies.

Il laisse tous ses biens d'Espagne à sa sœur aînée Catherine, mariée à Terrassone en Aragon, si elle existe, si non à une seconde sœur.

Il veut être enseveli en l'église du couvent des Frères Mineurs *ante altare majus*. (Le couvent des Cordeliers sert aujourd'hui de maison d'arrêt.)

Il meurt avant le 25 janver 1519, date du premier acte des reconnaissances de fiefs de Suzanne de Mauléon, « Suzana de Maloleone *relicta* magistri Pauli Lopez (Livre des fiefs). En 1501, il possédait une maison en Reilhas (Arch. mun., CC 2).

Suzanne se remarie : 1° avec Geoffre de Durban, avant le 11 mars 1521, date d'un acte où Geoffre figure comme mari de Suzanne; il vit encore le 29 août 1536; 2° avec Anthoine de Saint-Géry, qui figure en qualité de mari de Suzanne dans un titre du 12 avril 1540 (Livre des fiefs). (Note de M. Descamps.)

C'est ainsi que les Saint-Géry devinrent seigneurs de Magnas. J. Noulens dans les *Documents historiques sur la maison de Galard*, t. III, p. 656, émet donc une hypothèse fausse en disant : « Vers 1600 environ nous retrouvons les deux terres de « Magnas et de la Mothe-Ando dans les mains d'Antoine de Saint-Géry, époux de « Marguerite de Saint-Lary. Les Saint-Géry devaient s'être appropriés ces deux fiefs « par suite d'un mariage avec la branche de Castelnau-d'Arbieu ».

la pencion no luy era enquoera constituada[1]; c'est encore son seul traitement en 1513-1514[2].

Dix ans plus tard, les gages du médecin étaient de *bint liures torneses*[3]; ils montèrent ensuite à *vingt-cinq livres*[4]. A la fin du XVIe siècle, on donnait à « Landell, médecin escossoys nouveau « venu, la somme de *cinquante liures pour ung an*[5]; » plus tard, les consuls allouèrent *deux cents livres*[6] pour deux médecins, et *cinq écus* pour un chirurgien.

Jusqu'au commencement du XVIIe siècle, les médecins de l'assistance ne donnèrent leurs soins gratuits qu'aux indigents non hospitalisés inscrits sur le rôle des pauvres. A cette époque, ils furent nommés médecins des pauvres et médecins des hôpitaux et ils reçurent pour cette besogne nouvelle des honoraires spéciaux.

Ces médecins étaient rarement originaires de Lectoure, c'étaient des docteurs ambulants qui s'arrêtaient où ils trouvaient à exercer leur profession; demeurant quelque temps dans les localités ou s'y fixant d'une façon définitive.

Paul Lopez était espagnol, Andresson[7] était irlandais, Landel[8]

[1] Arch. mun., CC 18, f° 39 r°.

[2] Arch. mun., CC 20, f° 77.

[3] Arch. mun., CC 24, f° 96.

[4] Arch. mun., CC 35, f° 190 r° (1579-1580); CC 36, f° 97 (1585).

[5] Arch. mun., CC 38, f° 37 r° (1594).

[6] Arch. hist., EE 3, f° 256 v°.

[7] Andresson (Thomas) était médecin des pauvres en 1585 (Arch. mun., CC 36, f° 97). Nous avons de lui quelques ordonnances pour les indigents qui accompagnent un compte de Torreilh, apothicaire de Lectoure. Il mourut avant le 3 juillet 1586, date à laquelle Pierre Fabri, conseiller à la cour du sénéchal d'Armagnac, et Jacques Roux, commis au greffe, dressèrent l'inventaire de sa bibliothèque. Il était mort laissant par testament, retenu par Me Jehan Laforcade, notaire de Lectoure, Me Anthoine Boisset, conseiller à la cour, comme héritier; mais celui-ci n'accepta l'héritage que sous bénéfice d'inventaire. Andresson était protestant.

Cette pièce, des plus curieuses, est malheureusement incomplète, elle est composée de six feuillets et renferme l'inventaire détaillé des ouvrages de médecine du docteur Andresson; elle appartient à M. Lagardère, de Lectoure; elle va faire le sujet d'une étude sur « les médecins à Lectoure ».

[8] Dans les comptes consulaires de 1594 (Arch. mun., CC 38, f° 31 r°), nous voyons les consuls x payer à M. Landell, médecin escossoys, nouveau venu, ses gages de « médecin des pauvres ».

était écossais ainsi que de Cars[1], Baraiges était provençal, tous furent médecins des pauvres[2].

Ils devaient prodiguer leurs soins aux malades enrôlés sur les listes d'assistance[3], ils examinaient les malheureux qui réclamaient un secours du bureau, certifiaient leur maladie et pansaient leurs blessures[4].

Nous avons aux archives municipales une liasse d'ordonnances

[1] M. Jehan de Cars, médecin, se présenta aux consuls le 2 décembre 1599; il leur dit qu'il était « venu en ceste ville suyvant la réquisition quyls luy avaient faicte au nom « de la comunaulté ». Le 14 décembre, « Jehan de Cars, médecin escossoys, déclara « vouloir accepter la charge dung des médecins de ladite ville et dy résider » (Arch. mun., BB 5, f°s 19 et 20). Il arriva à Lectoure « avec son équipage, et entra en fonc-« tion le lundy 24 janvier 1600 ». Nous le trouvons médecin des pauvres dans les comptes consulaires de 1600 (f° 95) et dans ceux de 1605 (f°s 4 et 5). Il fut consul en 1613, 1619 et 1620 (tableau des consuls de Lectoure au XVIIe siècle), Jehan de Cars, *médecin protestant.*

Dans les archives de la famille de La Roche, de Lectoure, se trouve le contrat de vente de la salle et métairie de Pitrac, par M. Amanieu de Montesquieu et Sainte-Colombe à M. Jehan de Cars, médecin (10 septembre 1608); il habitait le quartier de Guilhem Bertrand (CC 8, 1638). En 1673, Paul de Cars, sieur de Pitrac, probablement le fils du précédent, achète une charge de lieutenant au capitaine Blanchard pour son fils noble Jean de Cars, sieur de Seasford. Il donne 100 livres à son fils pour s'équiper, pour s'en aller servir en Hollande (Minutes Labat, 1673, f°s 83 et 86).

« Peaul de Cars, sieur de Pitrac, et sa femme Izabeau de Fabri » font un testament en un seul acte (Min. Labat, 1677-1680, f° 160); ils veulent être ensevelis dans le cimetière protestant de Puycasquier. Ils ont trois enfants : Jean, Rachel et Izabeau; ils donnent 3.000 l. à Rachel fille aînée, 2.400 l. à Izabeau, Jean est institué héritier. (Note de M. Descamps.)

Dans le recensement de 1695 (Arch. mun., BB 23), noble Jean de Cars, sieur de Pitrac, est porté comme non marié, ayant avec lui deux sœurs non mariées, nommées Rachel et Jeanne, avec un valet de chambre et une servante, « ne possédant ny terre, « ny château, ny fief, vivant avec peine comme incomodés par ses debtes » (f° 4 r°).

[2] François Baraiges, Barages ou Baretges, « médecin de la ville d'Agen, a été « appelé à Lectoure par les consuls comme médecin des pauvres » (4 août 1596), (Arch. mun., BB 4, f° 372). Il occupe encore cet emploi en 1598 (Arch. mun., CC 39, f° 11 r°). Il quitte la ville en octobre 1599, parce qu'on ne veut pas augmenter ses gages (Arch. mun., BB 5, f° 11 r°). Il était de Caigne en Provence, comme nous l'indique son testament de 1599, retenu par François Lafargue, notaire à Lectoure : Testament de maître François Baraiges, docteur en médecine, natif de Caigne en Provence; il lègue ses biens à son frère maître Denis Baraiges, lieutenant en la judicature de Caigne (Arch. départ. du Gers, E 153, Minutes Lafargue, 1599, not. à Lectoure).

[3] Arch. mun., CC 37, f° 36 r°.

[4] Arch. mun., GG 51, liasse 63.

médicales du XVIe siècle [1], signées de Millières [2], d'Andresson, de Pierre Aurio, chirurgien, qui nous montrent le zèle des médecins des pauvres. La thérapeutique n'est pas compliquée, ce sont des tisanes de mauves, de violettes, de coings, des « potus », du miel rosat, des emplâtres « diachylon », quelques pilules, des cataplasmes et surtout des clystères qui sont la base de tous les traitements.

Il est curieux de voir le soin que le docteur prend d'indiquer au patient le moment opportun de prendre la *médecine;* il fixe sur son ordonnance si c'est le matin, avant de se mettre à table, au moment de se coucher ou à l'instant même : *clysterium iniciatur statim* [3].

Les consuls exerçaient un contrôle sérieux sur les dépenses pharmaceutiques; les ordonnances médicales portaient le nom du malade, souvent le diagnostic de l'affection; elles étaient toujours contresignées par un ou plusieurs consuls autorisant la dépense.

Les apothicaires de la ville fournissaient les médicaments [4]; à la fin de l'année ils faisaient un mémoire et l'adressaient au bureau. Celui-ci nommait des médecins ou d'autres apothicaires pour vérifier la note et la réduire s'ils en jugeaient le montant trop élevé, ce qui d'ailleurs arrivait chaque année.

Dans leurs comptes les apothicaires devaient indiquer, avec les ordonnances médicales à l'appui, le jour où le médicament avait été délivré et dire le nom du destinataire. Si parfois ils donnaient des remèdes sans ordonnances, les commissaires vérificateurs contestaient ces articles et en refusaient le payement. C'est ce qui arriva en 1686 à Larrieu, apothicaire, qui ne put se faire payer malgré ses protestations.

[1] Arch. mun., GG 48, liasse.

[2] Bénigne Millière, nommé Pingot de Millière (Arch. hosp., 1541-1619, f° 88), était marié à Catherine Maine (Minute Montession, 1596-1602, f° 190) ou Mène (Min. Baraignes, 1592, f° 162 v°). Il est médecin des pauvres à partir de 1589; en avril 1594, on lui donne le titre « de premier médecin des pauvres » (Arch. mun., BB 4, f° 329); il est encore chargé de soigner les malheureux en 1605 (Arch. mun., CC, f° 4 r° et suiv.). Nous avons un grand nombre de ses ordonnances (Arch. mun., GG 48). Il signait Millière et aussi Bénigne Milhère.

[3] Arch. mun., GG 48, liasse 22.

[4] Arch. hosp., délibérations 1685-1700, f° 21.

Au XVIIe siècle les notes des apothicaires atteignaient des chiffres très élevés, le bureau fut forcé de leur enlever la fourniture des remèdes des indigents, et il confia à maître Margouet [1], chirurgien de l'hôpital, « très habile dans l'art de composer les « médicaments », le soin de préparer les remèdes de l'assistance, conformément aux ordonnances des médecins; on lui fournit pour cela les drogues nécessaires, lui recommandant « de faire les « préparations avec probité »; il devait toucher quatre écus pour ce travail supplémentaire.

Nous venons de tracer à grands traits le tableau de l'assistance publique à Lectoure, du XVe au XVIIIe siècle; nous avons vu que le bureau des pauvres était chargé de l'administration et de la direction de l'assistance, que les pauvres malades de la ville et de la juridiction, les étrangers, les pèlerins étaient reçus dans les nombreuses maisons hospitalières situées dans la campagne, « sous les murs de la ville » ou dans l'intérieur de Lectoure. Nous avons esquissé rapidement l'histoire de l'hôpital du Saint-Esprit, transféré en Guilhem Bertrand, en 1566, puis réintégré dans ses premiers locaux, pour être de nouveau installé aux écoles de Guilhem Bertrand; nous avons indiqué sa transformation définitive en hôpital général à l'emplacement du vieux château des comtes d'Armagnac, où il se trouve encore de nos jours.

Nous avons montré que dans ces temps reculés la protection des enfants du premier âge et des enfants assistés n'était pas inconnue des Lectourois.

Nous avons fait voir aussi que le bureau secourait de nombreux malheureux en dehors des pauvres hospitalisés : il faisait dresser des listes d'indigents qui recevaient une aumône chaque semaine. Nous avons dit que les malades, les infirmes et surtout les vieillards étaient inscrits sur ces rôles d'assistance, et que certaines années de misère on était obligé d'établir des listes extraordinaires de pauvres que l'on confiait à des notables, à des

[1] Arch. hosp., délibérations, 1685-1700, f° 53.

bourgeois, à des ecclésiastiques où à des artisans pour les entretenir et les faire vivre.

Nous savons que l'hôpital avait un budget indépendant de celui de la ville, que le bureau des pauvres secourait les malheureux inscrits sur les listes d'assistance, sans avoir recours aux finances de la communauté; nous avons vu que les consuls avaient créé des médecins des pauvres, qu'ils faisaient venir des villes voisines ou de l'étranger et qu'ils payaient des deniers de la ville.

Ainsi donc l'assistance, telle qu'elle existe de nos jours, existait à cette époque lointaine : les hôpitaux, la protection des enfants du premier âge, l'assistance aux vieillards, la médecine gratuite, le bureau de bienfaisance fonctionnaient déjà dans ces siècles reculés. Aujourd'hui on a seulement perfectionné ce que nos pères, dans un but d'humanité et de philanthropie, avaient imaginé et mis en pratique.

---

www.ingramcontent.com/pod-product-compliance
Ingram Content Group UK Ltd.
Pitfield, Milton Keynes, MK11 3LW, UK
UKHW032012260826
14628UKWH00005B/2455

9 782013 457958